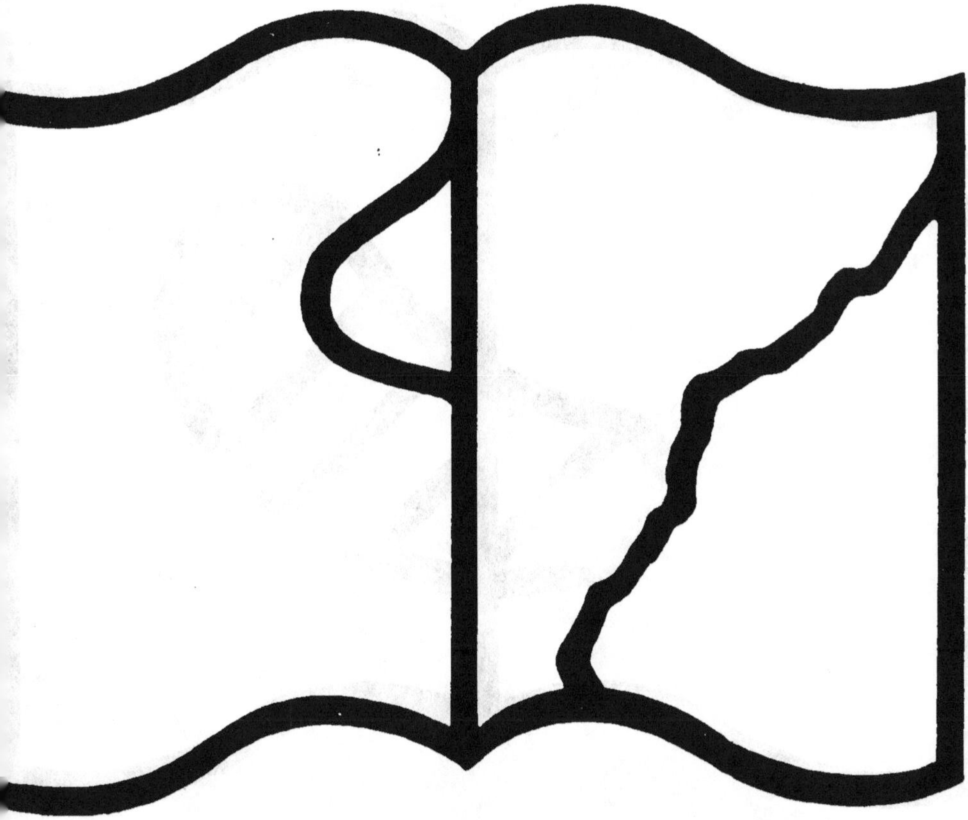

Symbole applicable
pour tout, ou partie
des documents microfilmés

Texte détérioré — reliure défectueuse

NF Z 43-120-11

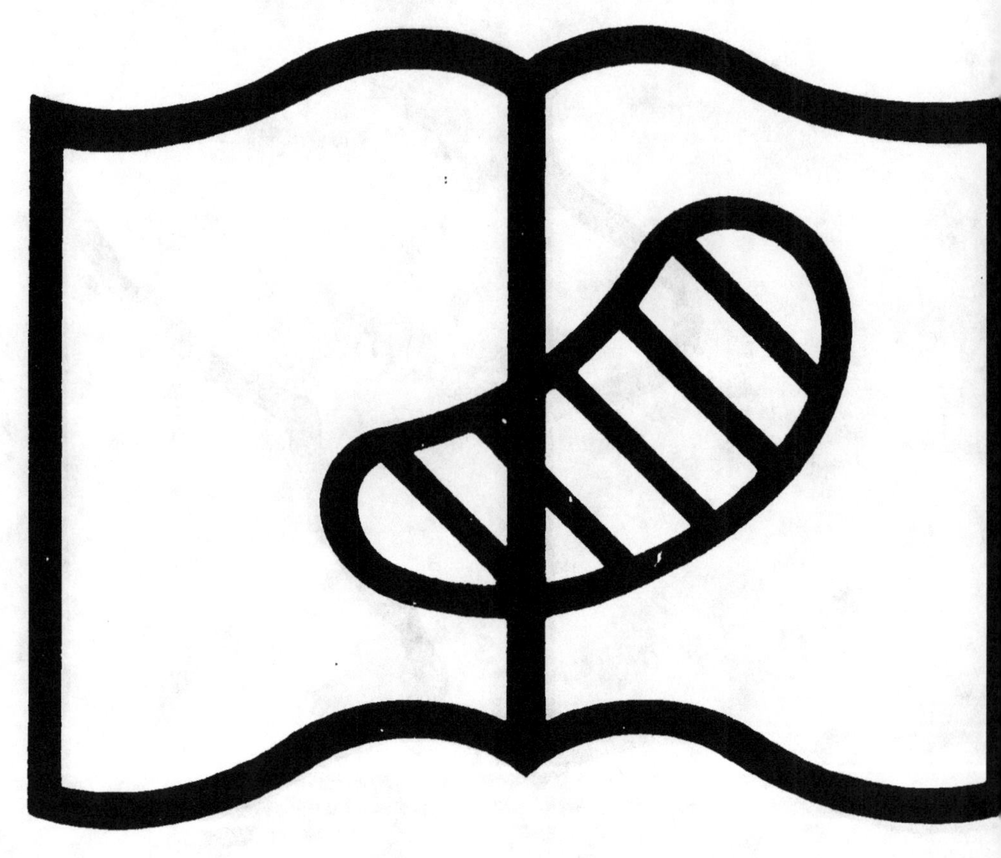

Symbole applicable
pour tout, ou partie
des documents microfilmés

Original illisible

NF Z 43-120-10

8°. R
15777

BASES PSYCHOLOGIQUES

DE LA

SOCIOLOGIE

(PRINCIPE DU PHÉNOMÈNE SOCIAL)

PAR

ÉDOUARD ABRAMOWSKI

Extrait de la *Revue Internationale de Sociologie.*

PARIS
V. GIARD & E. BRIÈRE
LIBRAIRES-ÉDITEURS
16, Rue Soufflot
1897

Les bases psychologiques de la sociologie

(Principe du phénomène social).

I

En abordant la définition du phénomène social, ce qui avant tout frappe les yeux de l'observateur, c'est la faculté générale qu'a un tel phénomène de se prêter à une double méthode : *scientifique* et *créatrice*. La vie sociale présente la matière par excellence, qui se soumet aussi bien à l'observation scientifique qu'à l'action téléologique, et constitue l'objet des études, aussi bien que de la politique. En apparence, cette bifacialité pourrait paraître contradictoire, et ses deux faces exclusives l'une de l'autre. Car, la science doit avoir à faire avec une matière accessible à notre expérience, avec les phénomènes de la vie, avec les faits, qui universellement et sans exception sont soumis à l'inflexible loi de la *causalité*, et dès lors, chaque fait vital, individuel comme social, la naissance d'un nouveau courant historique aussi bien que le dégagement de la chaleur, doit être considéré comme résultat nécessaire et inévitable de certains faits préexistants, de certaines conditions données, résultat envers lequel tout « doit-être » et tout effort conscient de la volonté humaine est tout aussi bien superflu et dénué d'un sens quelconque, qu'envers n'importe quels processus naturels.

Car, si nous envisageons la vie comme objet d'une étude scientifique, il nous est impossible d'y apercevoir autre chose qu'une série continue de phénomènes, se développant dans les rapports du temps et de l'espace, qui, reliés ensemble par des liens inébranlables de causalité, se déterminent réciproquement dans leur qualité, dans leur succession et coexistence. Par conséquent, chaque phénomène donné, considéré comme terme de cette série, alors même qu'il appartient encore tout à fait au domaine de l'avenir, et n'existe que comme possibilité d'un fait lointain, porte néanmoins l'empreinte ineffaçable d'un *conditionné*, et c'est dans ce caractère seulement qu'il peut être pensé. Or, *conditionné* signifie, que son existence ne commence pas d'une manière spontanée et indépendante, au moment même de l'apparition du phénomène dans sa forme individuelle et explicite, mais qu'elle est déjà impliquée *in potentia* dans certains faits qui ont précédé ce moment d'apparition manifeste, qu'elle est *entièrement* déterminée par la totalité de ses conditions, déterminée aussi bien dans sa qualité que dans le temps, et par conséquent *nécessaire*. — Les faits futurs, devant arriver, prévus, quand on les considère scientifiquement, c'est-à-dire, comme effets de certaines conditions *données*, diffèrent de la réalité par cela seulement, que leur individualité ne s'est pas encore manifestée dans une existence distincte, mais qu'elle repose latente au sein de ses conditions, s'identifiant avec elles; néanmoins elle possède une réalité aussi déterminée et naturelle, aussi indifférente à tous les élans de la volonté humaine, que les conditions mêmes. — Par conséquent, partout où apparaît le *conditionné* (et tout l'est au point de vue de la science), il n'y a plus de place pour l'inconditionnel moral (éthique), pour la contingence découvrant le champ devant la finalité créatrice des efforts volontaires; il n'y peut s'agir que de ce qui *est*, *fut*, ou *sera*, mais nullement de ce qui *doit être*, sans que le sens propre de cette catégorie soit anéanti. La certitude d'un certain fait prévu, la possibilité plus ou moins grande de son apparition, ne dépend que du degré de la connaissance que nous avons des conditions de ce fait, croissant à mesure que cette connaissance s'approche de la totalité de ces conditions; mais n'a rien de commun avec l'essence même de la chose, la possibilité *objective*, indépendante de notre connaissance, du fait; car, objectivement, tout fait est nécessaire, ou bien tout à fait impossible.

Et de même que la méthode scientifique, prise dans les cadres de la causalité, exclut tout élément créateur, au sens strict du mot, élément de création arbitraire de quelque chose qui pourrait être, mais pourrait aussi ne pas être, de même, la *création*, aussi bien dans la morale et les beaux-arts, que dans la politique, contredit la méthode scientifique, se pose au-dessus de l'expérience, et cherchant son objet hors de l'expérience, agit tout comme s'il n'y avait point de causalité. — Mon action, déterminée par des conditions certaines, n'est plus une création, mais seulement un phénomène d'un caractère spécial, entraîné dans une série de causes, et alors, elle perd sa signification morale, sa dignité de devoir; et son objet, des hauteurs de l'idéal, étrangères à toute expérience, descend au grade d'*effet* ordinaire, de résultat d'une nécessité spontanée et indépendante de nous. — Or, le concept « création » implique celui de *contingence*. Mon action, au lieu d'être un terme déterminé dans la grande série des phénomènes, se manifeste ici avec le caractère d'une cause finale, spontanée et décisive, comme un « fiat » définitif absolument inconditionné, et nécessaire pour que l'idéal prévu puisse se réaliser. Sans mon effort créateur, ce qui pourrait arriver n'arrivera point; mais l'effort créateur de ma volonté se conditionne lui-même, peut être ou ne pas être. C'est le principe de la contingence. — Conformément à ce principe, l'objet de mon effort créateur, *la fin*, ayant sa source dans l'arbre inconditionné de la volonté, et par conséquent, delivré de la causalité naturelle, comme n'étant point nécessairement déterminé par des conditions existantes quelconques, et par là même, ne pouvant résulter d'une série antécédente de phénomènes, — cet objet ne peut pas être lui-même un phénomène (puisque chaque phénomène est soumis à la causalité); il ne fait pas partie du monde embrassé par notre expérience, mais constitue un *idéal*, c'est-à-dire, une possibilité phénoménale telle, qu'elle peut entrer dans un rapport causal uniquement avec un acte libre de la volonté *consciente*, et que, quand elle se réalise et entre dans le monde des phénomènes, ce n'est que comme effet d'une *cause finale*, comme but librement atteint, mais n'est jamais déterminée comme une *nécessité* dans une série de phénomènes se développant naturellement.

Ce principe de la contingence et cette supra-phénoménalité de l'objet, se manifeste de la manière la plus expressive et la plus claire dans la création artistique, donc là où la méthode scientifique, basée sur la causalité, ne trouve aucune place. — Cependant, nous la retrouvons aussi à côté de la méthode scientifique, dans la politique et la morale. — L'éthique, malgré qu'elle a à faire avec l'objet d'une science stricte — la vie psychique de l'homme, est néanmoins une *création*, une adaptation de notre vie intérieure à un *critérium*, un idéal obligatoire. Dans l'éthique, quoique nous affirmions qu'il n'y a pas d'actions sans motifs et de motifs sans processus psychiques qui les conditionnent, quoique nous nous rendions clairement compte, que dans la vie mentale de l'homme, aussi bien que dans la vie physique, tout ce qui est devait être, tout est justifié par ses causes, comme une nécessité, les phénomènes psychiques aussi bien que physiques, uniques éléments de toute vie, pouvant se développer seulement dans la catégorie de la causalité, nous parlons néanmoins du bien et du mal, de ce qui doit être et ce qui ne doit pas être en vue d'un idéal obligatoire. Et malgré tout le déterminisme psychique, malgré l'inflexibilité des lois dans lesquelles apparaît la causalité de la vie intérieure, nous croyons avoir pleinement le droit de poser un critérium moral pour cette vie, un certain idéal, que ce soit la vertu pour elle-même, la perfection — comme dans l'éthique intuitive, ou bien le bonheur personnel ou universel — comme dans l'éthique hédoniste ou utilitariste. Or, le caractère essentiel de l'idéal, quel que soit le contenu de la notion que l'on s'en forme, reste toujours le même, il consiste en ce *qu'il est complètement libre de toute causalité phénoménale*.

Si, envisageant ma conduite, je vois que je tâche d'être bon envers mon ami, *parce que* je l'aime, ce ne sera que le côté psychologique de ma conduite. Ma bonté résulte *nécessairement* du sentiment donné, et est tout aussi justifiée dans son existence, que les actions mauvaises, étant donné le sentiment de la haine. Elle existe ou non, suivant les phénomènes qui la déterminent, et qui, à leur tour, doivent être déterminés. Il n'y a de place ici pour aucun critérium moral; l'inflexible et constante causalité sanctionne également tout ce qui est devenu un fait réel; et tout ce qui devient réel, devait s'accomplir, étant *uniquement* possible. — Si au contraire, je pose une directive pour ma conduite, c'est-à-dire, si je l'envisage au point de vue éthique, alors, au lieu de constater mes états physiques existants et d'en prévoir les résultats, je considère ce qui *doit être* d'après le critérium moral posé, que les résultats déduits des qualités données de mon caractère soient d'accord ou non avec les exigences de ce critère. — Donc, le critérium moral ne peut conserver sa valeur de norme pour notre vie, que tant qu'il n'est pas lui-même déterminé comme phénomène. Car, entrant dans une série quelconque de causes, il se démocratise, perd instantanément tous ses atributs spécifiques, et devient tout aussi nécessaire pour la totalité de cette série que tous ses autres termes.

Dans la politique, l'élément créateur conserve tous les mêmes caractères contradictoires avec les lois de la phénoménalité. Un certain idéal politique, si nous le considérons au point de vue de la méthode scientifique, se présentera à nous comme un résultat prévu de toute une évolution sociale qui s'est écoulée jusqu'à présent. Ce résultat, de même que chaque fait enchaîné dans la causalité des phénomènes, ne peut être que ou bien nécessaire, ou bien tout à fait impossible. Si donc, l'époque présente de l'évolution historique détermine l'avenir, elle le détermine totalement. Le côté moral de la vie sociale, de même que son côté économique, apparaît comme conséquence de certaines causes historiques, se prolonge dans l'interminable série des phénomènes antécédents qui rendent absolument nécessaire l'apparition des faits donnés. — Cependant, cette même matière s'impose d'une manière intuitive à la pratique humaine, constitue l'objet tout à fait légitime de la politique, le but des tendances conscientes, qui, sous différents aspects, se posent pour problème de créer et d'améliorer l'histoire. — L'exemple classique de cet élément créateur existant parfaitement d'accord avec le déterminisme scientifique, nous le trouvons dans le socialisme moderne. Au point de vue scientifique, le capitalisme porte dans son sein non seulement le germe des éléments économiques de l'organisation sociale future (comme l'énorme puissance des forces productives, le travail *socialisé*, les grands organismes industriels, le plan conscient de la production qui commence à se montrer sous la forme des cartels, la propriété *impersonnelle* des syndicats et des sociétés par actions), mais il prépare aussi cette force incubatrice de la conscience humaine, qui doit mettre au jour les formes d'une vie nouvelle qui y sommeillent. Détruisant la petite industrie et les petits propriétaires, il organise en même temps la grande armée du prolétariat ; entraînant l'homme sous le joug de l'exploitation, démolissant son foyer familial, il éveille en même temps en lui de nouvelles tendances et de nouveaux désirs, le dirige vers des idées jusque-là inconnues; de cette manière, le capitalisme prépare non seulement le matériel de construction, mais aussi le constructeur lui-même, c'est-à-dire, tout ce qui est nécessaire pour la naissance de l'avenir. C'est le principe du socialisme *scientifique :* le déterminisme évolutionniste. L'idéal de l'avenir social, considéré ici au point de vue de la causalité phénoménale, cesse d'être idéal, au sens strict du mot, et devient le résultat nécessaire du développement historique. — Malgré cela, le socialisme moderne ne se contente pas de la *nécessité* de ce résultat, mais contemplant son idéal propre, comme indépendant de toute causalité, accomplit son rôle créateur comme *parti politique.* Les philosophes, dit Marx, expliquaient seulement le monde, d'une manière ou d'une autre, mais la vraie tâche est de le *transformer.* — Cet élément créateur constitue même le trait caractéristique du socialisme, distinctif des théories sociales du « libéralisme ». Celles-ci tracent un cercle bien restreint pour l'activité humaine, considèrent les rapports sociaux comme des lois de la nature, devant lesquelles l'homme peut seument prendre l'attitude du « laissez-faire », avouer sa complète impuissance, se soumettre avec résignation et se taire. Aussi aucun autre parti ne se pose comme but la création d'une société nouvelle, et tout au plus, sous la pression du socialisme, il formule quelques projets d'avenir, auxquels du reste, il ne croit pas lui-même. Le naturalisme comprime en eux l'action politique propre, en ramenant cette action à la réaction contre les idées révolutionnaires qui se répandent dans les masses. Le socialisme au contraire se considère comme une force, qui, quoique émanée de l'histoire, doit cependant gouverner l'histoire, et à laquelle, malgré tout le déterminisme évolutionniste, appartient le dernier mot qui décidera du développement ultérieur de l'humanité. — La contradiction se révèle d'une manière bien expressive. L'histoire, le développement naturel des rapports sociaux, détermine tout l'avenir ; la conscience du prolétariat, la lutte des classes, les courants idéaux et les revendications révolutionnaires, en un mot tout le côté moral de la vie sociale, aussi bien que le capital et la grande industrie, que les lois et les institutions politiques, apparaît en vertu de certaines causes historiques, est relié avec toute la série des phénomènes, qui en rendent nécessaire l'accomplissement. Cependant le socialisme, comme parti politique, tient pour indispensable de conquérir les nouvelles formes de la vie, quoique ces formes se déterminent spontanément ; tient pour nécessaire, dans le but d'atteindre l'idéal, de mener une action finale, de propager des idées, d'organiser, de lutter, en un mot, de pousser en avant tout le développement historique, et il le fait avec cette forte conviction, que sans ce travail créateur et final, l'idéal ne sera pas acquis, quoique *scientifiquement* il soit déterminé comme résultat de toute l'évolution passée, et que comme tel, en tout cas, il doive nécessairement venir. — L'idéal reste donc, dans ce cas également, libre de la causalité phénoménale, conserve la pureté de sa nature, et c'est seulement un acte de la volonté consciente, l'acte de la *révolution*, qui peut le réaliser.

La contradiction de ces deux méthodes, scientifique et créatrice, se manifeste donc d'une manière bien expressive. L'une a pour base la *causalité*, déterminisme évolutionniste, et considère chaque fait historique, économique aussi bien que moral, conscient ou inconscient, comme nécessaire, comme conditionné par toute une série de phénomènes antécédents; l'autre admet pour base la *contingence*, considère les faits historiques comme pouvant arriver ou ne pas arriver, suivant l'action d'une volonté consciente, qui se conditionne elle-même. L'une envisage l'avenir social comme le *résultat* indispensable de toute l'évolution passée, résultat déterminé dans les phénomènes et naissant spontanément du présent; l'autre le considère comme un *idéal* délivré de toute causalité, n'étant conditionné par aucun phénomène et qui peut être seulement déterminé par l'acte de la volonté consciente, par une cause finale. L'une ne connait point de catégories éthiques, ne parle que de ce qui *est* ou *doit arriver*, absolument étrangère et inaccessible à une moralité quelconque ou à l'action politique; l'autre au contraire pose des normes obligatoires, parle de ce qui *doit être*, aussi bien dans le domaine de la morale individuelle, que dans la politique.

On a cherché d'habitude la solution de cette antinomie méthodique dans la violation de la pureté de la méthode évolutionniste. P. ur justifier la nécessité de l'existence d'une *politique* créatrice de l'histoire, devant la spontanéité du dévelop,ement social, on avait par exemple recours à une division étrange des phénomènes en deux catégories : ceux qui sont soumis au déterminisme évolutif, et ceux qui ne le sont pas : les rapports « des choses », économiques, appartiendraient exclusivement au développement spontané, à l'évolution historique; tandis que tout le domaine de la conscience humaine, et spécialement le domaine des idées sociales, l'idéologie, constituerait le terrain de la création propre, et comme s'il était délivré du déterminisme historique, justifierait l'existence du parti et de l'action politique. Il est cependant facile de voir tout ce qu'il y a d'arbitraire et de superficiel dans une telle division, puisque chaque phénomène, économique aussi bien que moral, physique comme psychique, peut être pris pour objet de la science, et alors, son classement dans la catégorie de la causalité, la recherche des causes qui conditionnent son existence, l'observation des phénomènes par le prisme de la continuité des faits, s'impose forcément à la pensée humaine, en raison de cet axiome, impliqué *a priori* dans notre conscience et ne connaissant aucune exception dans le monde des phénomènes, que tout ce qui devient, devient par quelque chose, est l'effet des autres phénomènes qui le déterminent. L'idéologie peut donc être aussi bien considérée comme un produit historique, que les rapports économiques mêmes, d'autant plus, que les recherches des sciences sociales démontrent sa dépendance étroite des processus économiques, son union intime et profonde avec le développement des forces *productrices* de la société, ses influences et ses actions mutuelles avec tout le côté matériel de la vie sociale, si bien enchevêtrées entre elles, qu'il est impossible d'apercevoir la continuité d'une évolution *purement économique*, libre de ces termes idéologiques qui s'interposent dans les séries des phénomènes économiques, comme leurs causes ou effets. — Il n'y a donc aucun principe qui permette de délivrer l'idéologie, les phénomènes de la conscience sociale, artificiellement éliminés, du joug du déterminisme historique, et d'en faire le champ exclusif et libre de la création politique.

Ce serait une échappatoire non moins maladroite de la pensée, qui voudrait se débarrasser de cette antinomie méthodique, que d'affirmer — comme on le fait cependant souvent — que l'action finale de la politique, quoiqu'elle ne puisse en rien changer l'évolution sociale même, l'*accélère* néanmoins : l'avenir sortirait du sein du présent le même avec notre action finale que sans elle; il sortirait tel qu'il est déterminé par le développement historique, dont nous-mêmes, avec notre idéal et notre travail créateur, ne sommes qu'un terme spécifique; l'action politique pourrait — dit-on — seulement accélérer cette naissance de l'avenir, n'ajoutant cependant rien de nouveau à la qualité de son contenu. L'accomplissement d'un certain problème historique, s'il doit arriver, arriverait nécessairement, comme étant déterminé par une causalité historique, aveugle, implacable, et ne connaissant aucune hésitation; nous-mêmes nous ne pourrions que *raccourcir* son évolution spontanée, à l'aide des efforts conscients de notre volonté, à l'aide d'une action politique, de la propagande des idées. De cette manière, la contradiction serait résolue par la division du domaine de l'évolution et de la création — entre le côté qualitatif et quantitatif de la vie. Du côté qualitatif règne exclusivement l'évolution : les types des organisations sociales, le contenu de l'histoire, se déterminent par les processus spontanés; du côté quantitatif, entendu comme *durée* du temps nécessaire pour un développement historique donné, règne la création, et ce n'est qu'ici qu'elle trouve pour elle le terrain libre. Le temps est ici considéré comme une certaine abstraction réelle, existant indépendamment des phénomènes, et avec laquelle on peut opérer sans toucher à son contenu, comme avec quelque chose de tout à fait vide, dépourvu de tout contenu phénoménal, planant au-dessus de la vie, et pourtant réel. — L'absurdité philosophique d'une telle conception saute aux yeux. Le temps, qui n'est que la forme de notre entendement des phénomènes, ne peut exister comme une certaine réalité indépendante des phénomènes et dépourvue de leur contenu qualitatif; à la notion abstraite du « temps » ne correspond objectivement rien d'autre, qu'une certaine *série* de phénomènes, de changements successifs. *Accélérer* l'avénement d'un certain fait veut donc dire seulement — éliminer une certaine série de phénomènes, qui sépare une cause présente de son effet attendu, par conséquent, rompre la chaîne de la causalité, en anéantir certains chaînons. La création, agissant sur le *temps* d'un devenir, agirait donc nécessairement sur le *contenu* phénoménal même de la vie, contenu qui est déterminé par l'évolution. — Donc, la contradiction ne parvient pas à être résolue, et elle reste impossible à résoudre, tant que nous nous bornerons au domaine des phénomènes.

La solution de la contradiction doit être recherchée ailleurs. Comme c'est la contradiction des deux méthodes qui s'excluent réciproquement, et dont chacune ne peut régner dans le domaine de son objet autrement que d'une manière exclusive, par conséquent, la solution doit être recherchée sur un terrain absolument neutre pour toutes les deux, où aucune d'elles encore n'exerce son pouvoir; car, du moment que nous entrons dans le domaine de la causalité ou de la création, nous devons nous soumettre sans condition aucune au règne absolu d'une méthode ou de l'autre, et l'une ou l'autre devra être complètement exclue; l'idéal n'admettra point d'évolutionnisme, l'évolution point d'idéal. La solution ne peut être trouvée qu'à ce point unique, qui, inaccessible à toutes les deux, les conditionne néanmoins et les rend possibles l'une et l'autre.

Or, ce point où la contradiction envisagée disparaît, où la bi-facialité méthodique se confond dans sa source unique et commune, ce point doit être *ce qui, tout en conditionnant indispensablement le phénomène, n'est pas le phénomène lui-même*, ce donc, qui contient, en soi *implicitement* les deux principes : évolutionniste aussi bien que créateur. — Ce que c'est, cela nous est indiqué par la nature même des objets, dans lesquels apparaît la coexistence des deux méthodes. Cette coexistence n'est possible que là, où on n'a pas à faire aux phénomènes seuls, mais aussi au sujet pensant. — La méthode créatrice, caractérisée par la contingence et par la catégorie éthique, exprimée dans la formule « doit être », ne trouve, par exemple, aucune place dans les sciences naturelles, elle est tout à fait étrangère à leur esprit. Les propositions : « que l'oxygène *doit* s'unir à l'hydrogène », ou bien « que la chaleur *doit* se transformer en travail mécanique », sont dépourvues de sens. La constatation seule du fait : que l'oxygène *se combine*, ou que la chaleur *se transforme*, épuise tout le contenu du sujet donné. Il n'y a pas ici de place pour l'éthique, pas plus que pour la contingence, bannie totalement par le déterminisme de la causalité, se manifestant dans des lois constantes et invariables. — Nous retrouvons la même chose dans les phénomènes psychiques, lorsque nous les envisageons dans leurs processus inconscients, qui se déroulent sans intervention de notre aperception, de l'effort conscient de la volonté : les représentations associées par la contiguïté dans l'espace s'évoquent naturellement ; la notion générale du « chien » contient en soi les notions de tous les chiens concrets ; mais non : *doivent* s'évoquer, ou *doit* contenir ; une morale des impressions, qui *exigerait* qu'à une telle excitation réponde une telle impression, serait aussi comique et dépourvue de tout fondement, qu'une morale des combinaisons chimiques. — Donc, tous les phénomènes, physiques comme psychiques, apparaissent tout à fait réfractaires à la méthode créatrice, ne pouvant point s'adapter à la forme de la contingence éthique, quand on les considère dans leurs rapports avec eux-mêmes, dans leurs actions naturelles et spontanées ; le domaine du phénomène pur reste sous le règne exclusif de la causalité. — Au contraire, les phénomènes physiques et psychiques peuvent parfaitement entrer dans la forme de la contingence éthique, lorsqu'ils sont envisagés dans leur rapport au sujet, à l'être pensant : la chaleur *doit* être transformée en travail mécanique en vue des fins productives de l'homme ; les marchandises, produits du travail, *doivent* correspondre aux besoins humains ; la pensée doit être logique ; les bons sentiments doivent gouverner notre conduite. Ici donc, la méthode créatrice a son application tout à fait légitime, elle est même exigée par notre intuition, quoique, dans le travail productif, dans les actions de notre volonté, aussi bien que dans le cours de nos pensées, nous ne retrouvions que des phénomènes mêmes, physiques ou psychiques, formant tout le *contenu* des faits donnés ; mais la succession de ces phénomènes, leurs rapports mutuels, sont ici envisagés par rapport à notre volonté consciente, par rapport à l'homme comme être pensant, et c'est pourquoi leur contenu, bien qu'il soit purement phénoménal, est cependant tout à fait accessible à la méthode créatrice, aux catégories de la finalité et du devoir, tout en restant néanmoins — étant phénoménal — soumis au principe de la causalité, à la méthode scientifique. Donc, la coexistence des deux méthodes n'est possible que là, où intervient l'homme en tant qu'*être pensant*, où les séries des phénomènes sont envisagées par rapport au *sujet*. — Comment cela se justifie-t-il? Quel est le point mystérieux qui existe dans l'homme, et qui, non seulement permet la coexistence des deux méthodes qui s'excluent réciproquement, mais exige même cette coexistence; qui, n'affaiblissant en rien le déterminisme phénoménal, lui impose néanmoins des normes obligatoires et lui laisse entrevoir les hauteurs sublimes de l'idéal ?

II

Pour le comprendre, nous sommes obligés de nous adresser à la théorie pure de la connaissance, et de rechercher la solution du mystère dans le principe même du *phénomène*. — Le *phénomène* — c'est tout ce avec quoi nous pouvons entrer dans un rapport quelconque, tout ce qui est ou peut être accessible à notre expérience extérieure ou intérieure, qui se dresse devant nous comme quelque chose de *donné*. Puisque cela seul existe pour nous *positivement*, qui entre de n'importe quelle manière dans le domaine de notre expérience, dans notre vie, en qualité de choses réelles ou possibles, physiques ou mentales, — par conséquent, toute existence ayant une valeur positive — la seule dont nous pouvons savoir quelque chose — est un phénomène. Les objets du monde extérieur, les faits de la vie, de même que tous les états psychiques, l'actualité réelle, aussi bien que la possibilité, en un mot tout le contenu de l'âme et de l'espace, constitue la phénomenalité. — Or, si, indépendamment de toute école métaphysique, indépendamment de la manière dont nous envisageons le contenu de notre expérience — que ce soit comme ayant la valeur d'une réalité apparente seulement, ou bien d'une chose en soi, — si nous voulons ramener à une seule abstraction toute cette hétérogénéité du contenu de notre expérience, tout le contenu de la vie en général, si nous voulons embrasser toutes les existences accessibles à notre expérience dans une seule propriété commune à elles toutes sans exception, — alors nous verrons, que cette unique propriété qui embrasse tout, cette dernière et plus haute abstraction, qui ne peut plus être élevée à un degré plus haut de généralisation, consiste uniquement en ce que les existences de toute sorte sont l'*objet de notre pensée*. — Tout ce qui *est*, non pas au sens métaphysique mais positif, c'est-à-dire, ce qui *est* comme une chose qui peut entrer dans le domaine de notre expérience, externe ou interne, n'*est* qu'en raison de cela seulement, que cette chose constitue l'objet de notre pensée, ou bien peut le devenir. Une chose qui ne pourrait être perçue par nous à aucune condition, ni dans son actualité vivante, ni dans ses résultats, pas plus comme un objet extérieur, que comme une représentation, un concept ou une sensation, — une chose qui, en un mot, dans aucune forme ne pourrait constituer l'objet de notre pensée, si même cette chose existait en soi-même, dans l'inaccessible domaine des mystères, — néanmoins pour nous elle n'existerait absolument pas, elle ne posséderait aucune valeur positive de l'existence, elle serait un *rien* absolu dans tout le domaine de notre vie. — Lorsque un fait quelconque s'accomplit, et nous fait entrer dans une action réciproque avec lui, il s'accomplit en raison de ce que nous l'avons perçu comme une réalité présente, ou bien, que nous l'avons perçu dans ses résultats, ou comme une possibilité prévue. Lorsque, par exemple, la pluie tombe, c'est un fait réel d'actualité, si nous le percevons pendant sa durée; il n'est pas cependant moins un fait réel lorsque personne ne l'aperçoit, parce qu'il se manifeste alors dans ses conséquences, comme un fait qui fut; mais, alors même, que ni pendant sa durée, ni dans ses résultats il n'est pas perçu par nous, il peut néanmoins avoir l'existence d'un fait réel, en tant que pure possibilité qui se présenterait à notre pensée pour n'importe quelle raison, en tant que fait en général, qui pourrait être ou ne pas être dans un temps donné. Donc, seule, notre forme, notre manière de percevoir change ici; mais la perception même, la naissance de la pensée, reste toujours comme un critère inséparable pour l'existence du fait. — Nous pouvons parfaitement supposer l'existence de beaucoup de choses inaperçues, voilées aujourd'hui devant nous, ou même voilées pour toujours, un monde infini de *possibilités*, monde des rapports inconnus d'action, des formes jamais observées, des états du sentiment jamais éprouvés ; mais la seule *supposition* de ces choses possibles, leur donne une certaine valeur positive de l'existence, comme d'une chose *représentée*, pressentie, et par conséquent, objet de notre pensée ; seulement, cet objet est ici d'une nature purement psychique. — De même, les faits les plus réels, le moins soumis à la critique et aux suppositions, comme la *douleur*, par exemple, puisent toute leur force d'existence dans la propriété qu'ils ont d'être un objet de notre pensée ; une douleur qui ne serait aucunement perçue, qu'on ne pourrait nulle part localiser, ni même en penser d'une manière générale qu'*elle est*, n'existerait point en tant que phénomène psychique, en tant que notre sensation ; la lumière solaire serait tout à fait anéantie, disparaissant dans la région négative de l'inconnaissable, si elle ne pouvait être perçue comme impression réelle, ni représentée comme un phénomène qui fut ou qui peut advenir, ni conclue comme une cause ou un effet, nécessaire ou possible, des faits observés, c'est-à-dire, si sous aucun aspect elle ne devenait le générateur de notre pensée.

L'attribut de « l'existence » est donc équivalent à la possibilité de devenir l'objet de la pensée. Quelque chose *est* positivement — comme fait de la vie en général — c'est-à-dire qu'elle est une possibilité de la pensée. Ce sont deux notions tout à fait adéquates, se substituant entièrement l'une à l'autre, dont le contenu est identique. — Si nous admettons les existences métaphysiques, les choses en soi, existant indépendamment de notre pensée (comme la matière, ou les Idées de Platon), alors nous pouvons dire, qu'entre nous et tout être existant en dehors de nous s'interpose toujours la pensée, l'unique pont qui nous réunit à la chose en soi, et que, par conséquent, tout être ne peut se manifester à nous *comme tel* que quand il devient l'objet de la pensée, c'est-à-dire, que dans la possibilité de la pensée est impliquée sa valeur positive, la valeur du fait qui peut entrer dans notre expérience, devenir un moment de la vie, une particule de notre monde. — La possibilité de la pensée c'est donc le *principe du phénomène*. — Ce principe ne préjuge d'aucune théorie métaphysique, et conserve son universelle valeur aussi bien envers le matérialisme, qu'envers l'idéalisme ; car, il n'est que l'expérience exprimée *in abstracto*, la propriété inséparable de tous les faits concrets sans exception. Si même nous supposons que les atomes chimiques sont le substratum de toutes choses, l'attribut de la possibilité de la pensée reste toujours la condition indispensable, pour que le groupe, la combinaison, la synthèse de ces atomes devienne une existence positive, une existence appartenant au domaine de notre expérience.

Ce n'est cependant qu'un côté du principe — exprimé *explicitement*, qui implique nécessairement l'autre côté — inexprimé, de même que la direction « à droite » n'est possible qu'en face de son contraire : direction à gauche. — Le principe du phénomène, comme objet de la pensée, contient *implicitement* la notion du sujet pensant. — L'objet de la pensée est impossible sans son opposé — le sujet pensant, de même que le sujet pensant sans l'objet de la pensée, pourvu que nous restions dans le domaine des existences positives, des existences qui entrent dans notre expérience, dans la vie en général, sans nous aventurer dans la région mystérieuse de « pensée en soi », des idées existant en dehors de notre conscience, c'est-à-dire, des notions ne pouvant être pensées, dépourvues de tout contenu intuitif (1). — Donc, en face de la valeur positive du phénomène, comme d'une chose *aperçue*, doit surgir sa valeur négative — *ce qui aperçoit*. En face de son caractère objectif, de la chose qui s'impose spontanément, surgit son caractère subjectif — la négation de toute chose, conditionnant nécessairement l'objectivité. — Tout phénomène présente donc, métaphoriquement, deux faces : objective et subjective. — Seule la première, étant objet de la pensée, est connaissable ; l'autre, étant ce qui *conditionne* l'objet de la pensée, ne peut pas l'être lui-même, est inconnaissable. La première est exclusivement chargée de tout l'appareil de la pensée, exige des preuves, des raisons; l'autre, étant inaccessible à la connaissance, nie toute logique, est libre de toute loi obligatoire pour l'objectivité connaissable; elle ne subit pas de formes de la connaissance, parce que c'est elle-même qui connaît; elle n'a pas besoin de raisons, parce qu'elle est la raison même. C'est comme un œil « qui, voyant tout, ne peut pas se voir lui-même »; la lumière, qui, puisqu'elle éclaire tout, n'a pas besoin de s'éclairer elle-même. Donc, toutes les lois et

(1) « En dehors de son rapport au sujet, l'objet cesse d'être objet, et si on lui enlève ce rapport ou si l'on en fait abstraction, on supprime du même coup toute existence objective. » (A. Schopenhauer, *Quadruple racine du principe de la raison suffisante*, trad. franç., p. 46).

formes, dans lesquelles nous apparaît le monde entier de la vie, et ses catégories essentielles, le temps, l'espace et la causalité, auxquelles est soumis tout ce qui est, constituant un ensemble compact et logique, appartiennent exclusivement au côté positif du phénomène, au phénomène comme objet de la pensée, et sont tout à fait étrangères à son autre côté — le côté négatif. Lui, comme conditionnant l'objet, doit être une négation complète de tous ses attributs. — C'est cette face négative des phénomènes qui est le *sujet pensant*, lequel s'oppose aux phénomènes mêmes, aux choses et aux états psychiques, à l'objet en général; ou bien, s'exprimant d'une façon plus simple, constitue ce que chacun perçoit comme son « moi » propre, étant pour chacun la réalité la plus sûre et la mieux connue (1).

L'intuition propre s'accorde de la manière la plus complète avec le caractère négatif du sujet. — Notre « moi » n'est basé sur rien, n'a aucune raison d'être, aucun critérium de certitude, *constitue pour soi-même une raison suffisante*, son unique principe légitime. Pour tout nous exigeons un certain critère logique, une certaine règle nous préservant des erreurs; tout peut être douteux et illusoire, en raison des milliers de différentes fautes et déviations qui se blottissent sans cesse dans notre pensée et dans nos sens, en faussant la justesse de la connaissance; notre « moi » seul est élevé pour nous au-dessus de tout doute, est un axiome qui dédaigne les preuves, de sorte que la question du critère — « comment je sais que c'est bien moi ? » — nous apparaît tout à fait superflue et dénuée de sens. — Notre « moi » est complètement *inconnaissable*, nous ne pouvons le développer dans aucune définition, découvrir en lui aucun attribut, en rien dire, si ce n'est *que c'est moi;* et pourtant, il n'y a rien de plus clair pour nous que notre « moi », rien de plus immédiat et libre de toute faute, rien de plus réel. Il est inaccessible à la définition, parce qu'il n'y a rien de plus certain que lui, et que rien donc ne peut servir pour le définir. — *Il s'oppose à tous les phénomènes :* je ne suis,

(1) « On peut, dit Schopenhauer, faire abstraction de toute connaissance *spéciale* et arriver ainsi à la proposition : « je connais », qui est la dernière abstraction dont nous soyons capables; mais cette proposition est identique avec celle-ci : « il existe des objets pour moi », et cette dernière est identique avec celle autre : « je suis sujet », laquelle ne renferme autre chose que le simple *moi* ». (*Quadruple racine*, etc., p. 217.)

moi, aucun objet extérieur que je vois dans le moment donné, parce que je le vois comme objet; je ne suis pas mon organisme, parce que j'aperçois et j'examine cet organisme comme objet; je ne suis aucune représentation, ni sentiment, ni concept qui remplit ma conscience dans un moment donné, parce que je les aperçois comme étant mes états psychiques, quoique dans ma conscience il n'y ait rien d'autre que la série de ces états, se développant dans une course indéterminable; je ne suis ni la douleur, ni la volupté, ni le désir; j'accompagne tout, mais je ne suis rien, que ce « moi » seulement, pour qui je n'ai besoin d'aucune explication, car il m'est connu et clair au-dessus de toute définition. — S'opposant à tous les phénomènes, il est par cela même *insaisissable* pour la pensée, fuyant sans cesse devant toutes ses formes, ne se laissant captiver dans aucune notion. Quand j'y pense, ce n'est plus le « moi » propre qui constitue l'objet de ma pensée, mais seulement un certain *concept* philosophique; le « moi » propre, lorsque nous voulons le saisir par la pensée, se transporte aussitôt sur le pôle négatif du phénomène, occupe le côté actif et aperçoit lui-même son fantôme conceptuel, ainsi qu'un œil qui ne peut voir que son image réfléchie dans un miroir, mais jamais soi-même. — Accompagnant des changements continuels, notre « moi », lui-même, conserve *son invariable continuité*, car, étant la négation de toutes les qualités, il ne peut point éprouver de changements, étant négation de tout, il reste toujours le même, un *rien* phénoménal. Depuis le commencement jusqu'à la fin de la vie tout change : le caractère, les idées, les impressions, le milieu ambiant, l'organisme, les forces, les désirs; depuis l'enfance jusqu'à la mort, je passe par toute une série de personnalités, physiquement et psychiquement différentes; néanmoins, malgré tout cela, je reste toujours *moi-même;* sous le masque des plus grands changements de la vie, la continuité de notre « moi » reste inaltérée, unit toutes ces personnalités les plus contradictoires, ce qui fait que dans l'enfant et dans le vieillard, dans la santé et la maladie, dans la riche impressionnabilité de la jeunesse et dans l'hébétement ultérieur, je retrouve toujours moi-même; au milieu des plus extrêmes contrastes de la vie, mentaux et corporels, nous ressentons toujours l'identité, notre « moi » propre.

Ce côté négatif de la conscience, notre « moi », le sujet pensant de l'homme, c'est donc *ce qui, conditionnant nécessairement tout phénomène, n'est pas phénomène lui-même.* C'est en lui, par conséquent, que se trouve la solution de cette contradiction méthodique, qui apparaît partout où intervient l'homme *en tant qu'être pensant*. La causalité et la liberté se réconcilient ici complètement, se commandent même mutuellement, comme si c'étaient les parties d'une unique synthèse (1). — La causalité, en tant que forme de notre entendement, est la propriété exclusive du phénomène même, du phénomène comme objet de la pensée ; elle ne peut cependant pas se rapporter à son côté négatif, inconnaissable — le sujet pensant, lequel, étant la négation de tous les attributs, de toutes les formes de notre intuition, est aussi la négation de la causalité, constitue un domaine inaccessible pour elle. Le phénomène, qui envers les autres phénomènes, qui le précèdent ou le suivent, doit donc être toujours l'effet ou la cause, et par conséquent soumis à un déterminisme rigoureux, par rapport au sujet, qui ne peut point connaître d'entraves de la causalité, doit revêtir le caractère d'une liberté complète, donc, ne plus paraître un résultat nécessaire, mais un but ou un idéal, qui peut devenir ou ne pas devenir. Le rapport du phénomène au sujet devient donc celui d'une contingence finale, que nous appelons acte de volonté consciente. Il ne se laisse pas éliminer de la causalité, car il est impossible de concevoir un sujet pensant sans l'objet de la pensée.

Par conséquent, le principe du phénomène, étant en même temps celui de l'être pensant, exige également le déterminisme et la contingence. — Autour du pôle *positif* du phénomène, là où s'étend le monde entier, physique et mental, règne le déterminisme, la causalité naturelle, une atmosphère absolument inaccessible à toute norme éthique, dans laquelle les mots « du bien » et « du mal » deviennent des sons vides, et tout est également justifié, comme nécessaire, implacable, aveugle. — Par contre, autour du pôle *négatif* du phénomène, là où siège seulement le « moi » humain, inconnaissable car tout connaissant, négation du monde, là règnent la contin-

(1) Kant dit : « La nécessité naturelle sera inhérente à toute combinaison de causes et d'effets dans le monde sensible, mais la liberté sera accordée à celle des causes qui n'est pas elle-même un phénomène (bien qu'elle serve de fondement au phénomène). Par conséquent, la nécessité (littéralement, la nature) et la liberté peuvent être attribuées sans contradiction au même objet, suivant qu'on le considère sous un aspect différent, soit comme phénomène, soit comme chose en soi. » (*Prolégomènes à toute métaphysique*, § 53).

gence, les causes finales, l'idéal; les simples chaînons des séries des causes, les faits, acquièrent ici un caractère éthique, sont soumis aux normes obligatoires. — Et quoique ces deux régions soient essentiellement contradictoires, elles se conditionnent mutuellement toutes les deux, forment un tout unique et indivisible. Le pôle positif est impossible à concevoir sans le pôle négatif, et inversement; car les deux constituent seulement l'unique *principe du phénomène*, étant en même temps le principe du sujet pensant. Par conséquent, la contradiction méthodique se résout entièrement. Or, en admettant ce principe, nous nous plaçons sur un terrain purement *humain*, prenant pour point de départ la *donnée* primaire la plus immédiate — l'homme comme être pensant. Car, en envisageant les phénomènes comme objets de notre pensée, conditionnés nécessairement par leur négation — le sujet pensant, le « moi » humain, — nous affirmons en même temps d'une manière tacite, qu'en dehors de nous, dans la région hypothétique des êtres sur-humains, se trouve seulement le grand vide *philosophique*, avec lequel ni notre science, ni notre activité ne peut rien avoir de commun.

III

Passons maintenant à la nature de l'*objet* même de la sociologie, qui semble unir si parfaitement dans ses profondeurs l'essentielle contradiction du déterminisme et de la contingence. Avant tout surgit cette question, si ce même principe, qui nous apparaît comme indispensable pour résoudre la contradiction méthodique, conserve sa valeur envers l'objet de la sociologie, c'est-à-dire, envers le phénomène social, d'accord avec cette règle universellement exigée, que « la méthode et la doctrine doivent se présenter ensemble, inséparablement unies comme la matière et la forme » (Schopenhauer). Car, on pourrait supposer, que cette duplicité de la méthode est ici artificiellement imposée, qu'elle consiste en une illusion universelle des esprits, dont une critique plus précise de la nature des phénomènes sociaux peut nous délivrer. — L'existence d'une *politique* créatrice de l'histoire apparaîtrait alors comme un grand préjugé de l'époque, résultant d'une fausse conception de la vie sociale, analogue à celui du Moyen-Age, qui à l'aide des prières et de la magie voulait transformer les processus physiques de la nature. Car, dans la région des phénomènes sociaux, qui seraient étrangers par leur nature même à notre être pensant, et ne pourraient être considérés dans un rapport causal avec lui, malgré toute leur variabilité évolutive, il n'y aurait pas plus de place pour une action politique finale, qu'il ne peut y avoir de *parti* combattant des astronomes prévoyant une certaine révolution planétaire et néanmoins obligés d'exercer leur action dans cette direction. Où il n'y a pas d'homme, là s'étend dans toute sa force la devise du naturalisme bourgeois : « soumets-toi, garde le silence et observe », car tout ce qui n'est pas nous, est dans son essence même inconnaissable pour nous et inaccessible pour l'action de notre volonté. Il s'en suit que toute conception métaphysique de la vie sociale, qu'elle recherche la source de cette vie dans la Providence, dans le milieu géographique, dans les rapports des choses, ou dans le mystique sang de la race, désigne toujours à l'homme le même rôle d'une résignation passive devant les lois fatales de cette force mystérieuse et inaccessible pour nous qui gouverne l'humanité; de même que nous trouvant en face de la nature des phénomènes physiques qui nous est tout à fait étrangère, en face du mystère des forces moléculaires et des éléments chimiques, menés par la pure intuition, sans même tenter aucun essai, nous renonçons d'avance à tout « doit être », à toute part créatrice dans cette région mystérieuse, nous bornant au simple rôle d'observateurs.

Quelle que soit cependant l'origine métaphysique que nous admettions pour les phénomènes sociaux, quelle que soit l'abstraction, spirituelle ou matérielle, dont nous imprimions le sceau à leur essence, nous devons, avant tout et sans aucune restriction, leur attribuer cette propriété, qu'ils existent pour notre expérience, qu'ils entrent dans le domaine de notre observation, comme certaines valeurs positives, comme faits, avec lesquels notre pensée peut opérer. C'est leur propriété immédiate, et en même temps la plus universelle et générale, la propriété *de se manifester dans la pensée*, commune à tous les phénomènes, équivalente à toute existence. Le phénomène social, avant que nous puissions dire quelque chose de ses caractères et de son contenu, est avant tout un *phénomène*, c'est-à-dire l'objet de notre pensée, quelque chose qui s'impose à notre perception, qui se dresse devant nous comme un *donné* certain, générateur de notre pensée, sous l'aspect des différents faits, et s'introduit dans le domaine de notre vie. C'est la première définition du phénomène social, définition dont ni lui ni rien au monde ne peut se délivrer autrement qu'en perdant du même coup toute la valeur positive, pour passer totalement dans le domaine inconnaissable, supra-vital de la négation. Sous l'objet de notre pensée cependant, se cachent seulement ou les choses physiques, ou bien les états psychiques. Passons tout le domaine de notre expérience, tout ce qui est réel ou possible, et nous ne trouverons rien qui ne soit enregistrable dans l'une ou l'autre de ces catégories. Entre ces deux régions, dont l'une, étant sous la domination exclusive du temps, transforme tout en état intérieur de notre conscience, et l'autre, soumise également au temps et à l'espace, ramène tout au mouvement et à la matière, se divise et s'épuise totalement toute notre intuition, tout le contenu du monde avec lequel nous avons à faire. Il n'existe point de tel fait, ni de tel moment de notre vie, qui ne possède une forme psychique ou physique, qui ne puisse être envisagé comme un corps à dimensions, un mouvement dans l'espace, ou bien comme une idée, conception ou sentiment. Même quand nous avons à faire à quelque chose de ce qu'il y a de plus métaphysique, avec des « substances » comme l'esprit, la matière ou la force, nous ne pouvons jamais les délivrer de ces deux formes uniques — psychique ou physique — dont notre intuition dispose alternativement, où elle fait entrer et classe tout ce qu'elle peut prendre en possession, de sorte qu'une troisième catégorie de phénomènes, qui ne seraient ni psychiques ni physiques, ni un état de notre conscience, ni aucun mouvement matériel, est tout aussi bien impossible à se représenter qu'une quatrième dimension, ou bien le temps arrêté dans sa course.

Nous devons donc admettre d'avance, sans avoir recours aux expériences spéciales et à l'analyse ultérieure, que les phénomènes sociaux, par cela même qu'ils sont des phénomènes, qu'ils entrent dans le domaine de notre perception et de notre vie, doivent être soumis à ces deux formes principales de notre intuition, se diviser totalement entre elles, sans constituer une catégorie troisième, qui s'en distinguerait. L'expérience d'ailleurs, l'observation des faits concrets, s'accorde entièrement avec cette déduction. Considérons n'importe quel phénomène social, ce ne sera que : ou bien une chose de caractère physique comme la terre, les marchandises, le travail musculaire, ou bien les idées et les sentiments, se manifestant sous l'aspect des lois, des mœurs, des tendances collectives. Dans tout le domaine de la vie sociale, nous ne trouverons rien qui soit *social* sans être en même temps un phénomène matériel ou mental. Le « social » ne possède jamais une forme spéciale dans notre intuition, ne s'oppose pas aux choses de l'espace et aux états de la conscience, mais se retrouve en eux, coexiste avec leurs formes, et nous apparaît dans ces formes uniques. La marchandise, phénomène par excellence social, est en même temps un ordinaire objet matériel, qui peut parfaitement être envisagé au point de vue de la physique, de la mécanique ou de la chimie, et en dehors de cette forme intuitive, ne peut être ni conçu, ni accessible à notre expérience. De même toutes les idées qui gouvernent la vie de la collectivité humaine, malgré leur nature spécifique sociale, ne possèdent pas, néanmoins, d'autre forme d'existence que la forme psychique, celle des états de notre conscience, et quoiqu'elles constituent l'objet d'une science distincte, sociologique, peuvent cependant subir une analyse psychologique, tout comme les phénomènes de la vie de la conscience individuelle. L'idée de Dieu, de la liberté politique, de la propriété, etc., essentiellement imbibées du caractère social, de la vie collective des hommes, ne pourraient être rétrécies à la conscience, individuelle de l'homme, et pourtant toute leur essence sociale ne se manifeste pas ailleurs que dans des milliers d'états psychiques, dispersés entre les cerveaux individuels des hommes, et c'est en vain que nous en chercherions une manifestation pure et distincte.

Si cependant tous les phénomènes sociaux se divisent totalement entre ces deux catégories uniques et essentielles de notre intuition, sans rien laisser qui ne soit ni physique ni psychique, néanmoins ils possèdent tous un attribut spécifique, qui les distingue des uns et des autres, de sorte que, même d'une manière intuitive, nous nous gardons d'identifier les phénomènes sociaux avec les phénomènes physiques et psychiques. Les phénomènes physiques ne deviennent sociaux que lorsque nous les *spiritualisons*, lorsqu'ils deviennent porteurs du travail ou des besoins humains, lorsque, sans perdre leur caractère matériel, physique, ils sont en même temps des symboles de l'intelligence, de la pensée. Tout objet de l'industrie ou don de la nature peut être envisagé uniquement en tant qu'un phénomène physique, jusqu'à ce qu'il soit élevé à la dignité d'un *produit* du travail humain final, ou bien qu'il se transforme en valeur d'utilité, c'est-à-dire en incarnation de certains désirs humains; alors il se socialise. L'or, considéré comme une chose, un métal, un groupement de molécules ayant certaines propriétés chimiques, ne présente aucun caractère social; il l'acquiert en même temps que le caractère de symbole du travail et des besoins humains, devenant l'équivalent des marchandises qui cristallisent en elles les efforts constants de notre création. De là vient aussi la variabilité historique de ses destinées : dépourvu de toute influence sur la vie collective dans les anciennes communes des tribus barbares, ayant une sphère d'activité très restreinte sur le terrain de l'économie naturelle du féodalisme, il devient une force vitale toute-puissante dans la société capitaliste, lorsque le travail humain, dépassant la sphère du foyer du producteur, la sphère de ses besoins personnels, transforme l'or en l'incarnation de son caractère abstrait, en symbole de tous les besoins possibles et de tous les efforts productifs de l'homme. A mesure donc que son caractère psychique devient plus riche, d'une valeur d'utilité spécifique passant à la valeur de l'utilité en général, à l'abstraite valeur d'échange, à la signification d'un équivalent universel, dans lequel se retrouvent tous les besoins individuels concrets, actuels et futurs, réels et possibles, se renforce en même temps le caractère social de l'or, d'une chose simplement matérielle se transformant en un être presque mystique, en une divinité gouvernant le monde des âmes humaines, qui existe et agit alors même qu'elle n'est pas présente sous forme de métal, par la raison seule d'une transmission occulte de son pouvoir à toutes sortes de papiers d'escompte, billets de banque et actions. Nous retrouvons de même le caractère psychique dans tout le domaine des faits matériels, *comme condition indispensable et unique de leur socialisation.* Non seulement les objets matériels, mais aussi les forces de la nature, pouvant être toujours ramenées au mouvement des molécules de la matière, par conséquent, apparaissant devant notre conscience avec le caractère des choses, les forces les plus étrangères pour nous, dépourvues de toute « humanité », comme la pesanteur, l'affinité chimique, la chaleur, l'électricité, deviennent cependant phénomènes sociaux, lorsqu'elles sont adaptées aux besoins humains, en vue d'une *fin*, lorsque, emprisonnées dans la technique productive, elles représentent le symbole de l'intelligence des générations vivantes et passées conjurée dans la matière. En un mot, le phénomène physique devient social quand il se spiritualise, lorsque, ne cessant pas d'être une *chose*, c'est-à-dire quelque chose d'extérieur et spatial, s'opposant à notre conscience, il acquiert en même temps un caractère *psychique*.

De l'autre côté, un phénomène psychique devient social, quand ne cessant pas d'être un état intérieur de notre conscience et d'être aperçu comme tel, il acquiert néanmoins un caractère *objectif*, s'émancipe de l'action immédiate de notre volonté et s'impose à nous de l'extérieur, comme s'il était une certaine *chose*, — un désir, — élevé à la dignité du fait social. Par quoi diffère-t-il d'un état individuel de ma conscience, par quel signe est-ce que je reconnais son caractère social? Dans son contenu, dans ses éléments constitutifs, dans sa manière de réagir à l'extérieur, dans les associations qui se groupent autour de lui, nous ne trouverons aucune différence; dans les deux cas, l'état psychique donné est soumis à la même analyse psychologique, à la même description; pour l'un et pour l'autre on peut toujours tracer le même processus et poser la même diagnose. La psychologie de ma faim, dans ses traits constants et principaux, est en même temps la psychologie de la famine en général, de la faim sociale, répétée d'une manière multiple dans les différents cerveaux humains. Les mêmes idées et intérêts, qui se groupent autour de la propriété, du mariage, de la famille, dans l'âme d'un individu, retrouvent leur expression fidèle dans les *lois* qui règlent les rapports de propriété, ceux de la famille et du mariage, de sorte que, motivant psychologiquement une certaine loi existante, nous faisons tout simplement l'analyse du côté correspondant de l'âme d'un certain type d'homme. Propageant socialement une certaine idée, sur le terrain d'un sentiment collectif donné, nous cherchons des indications dans la psychologie individuelle, et les idées que nous pouvons inculquer aux individus, en prenant pour base un sentiment donné, nous les retrouvons aussi socialement associées entre elles. L'idée du communisme par exemple, se liant aux intérêts de la vie des individus, est en même temps, en tant que phénomène social, liée aux intérêts économiques de toute une classe. Les différences individuelles qui marquent chaque phénomène psychique par opposition à son caractère social *constant*, n'affaiblissent en rien cette affirmation, que ce n'est pas dans une différence de contenu psychologique qu'il faut chercher la raison de la *socialisation* d'un état mental. Car, je puis parfaitement adapter mon esprit à une conception sociale donnée, à ce modèle constant qui se retrouve dans les formules juridiques, les programmes, les dogmes des religions, et malgré cela, je pourrais toujours discerner la même idée, en tant qu'individuelle à moi, et en tant que sociale, quoique dans leur contenu et leur forme, ces deux aspects de cette idée soient totalement adéquates. En tant qu'*individuelle*, elle est soumise à l'action de ma volonté intérieure, elle peut être transformée à l'aide de mon raisonnement, s'affaiblit et se fortifie sous l'influence des sentiments qui m'animent; en plus, son existence même, la force et l'importance qu'elle exerce sur le courant de la vie, dépendent entièrement de toute cette systématisation psychique qui constitue mon âme, mon intelligence, de ma manière de penser et de sentir, de mes penchants individuels, de la quantité et de la qualité du savoir que je possède; chaque concept moral, comme phénomène psychique, est soumis à une telle variabilité dans la conscience de chaque homme, il acquiert ou bien il perd sa force vitale, il disparaît ou se renforce, change son contenu et sa couleur émotionnelle, suivant la société des autres concepts et sentiments qu'il trouve dans notre conscience; en un mot, *il s'accommode continuellement à la totalité de notre âme*, à ses inclinations les plus intimes, et nous ne pouvons apercevoir son influence sur le cours de notre vie, que lorsqu'il est adapté aux autres éléments de notre âme, uni à notre savoir et à nos sentiments, lorsque nous reconnaissons devant nous-mêmes sa valeur. En tant que *sociale* par contre, elle se moque complètement de nos raisonnements et sentiments, et avec l'indifférence d'une *chose* s'oppose à nos désirs et négations. Les idées de Dieu, d'un amour légitime, d'un pouvoir d'État, malgré mon athéisme et libéralisme philosophique, et quoiqu'elles aient déjà perdu toute valeur pour mes convictions et sentiments, pour mes motifs intérieurs, et que comme phénomène *psychique* elles ne puissent plus jouer aucun rôle dans ma vie, néanmoins, comme sociales, contenues dans les lois, dans les institutions, dans l'opinion publique, ne cessent pas d'exercer sur moi leur pression objective, de s'imposer à ma conscience avec la brutalité d'une chose, d'objets extérieurs, et ceci avec une force d'autant plus grande, que je les nie plus en tant que phénomène psychique, en tant que ma propre conviction, de même que les ténèbres de la nuit ou l'espace qui nous sépare du but écoutent nos malédictions avec une indifférence complète, et s'opposent à notre volonté d'autant plus, que cette volonté désire les anéantir davantage.

Ce caractère *objectif* des phénomènes psychiques socialisés se manifeste nettement, lorsque nous comparons les différentes phases évolutives d'un même phénomène. Aussi longtemps qu'une idée reste propriété individuelle de la conscience humaine, un ordinaire état psychique, elle est soumise à toutes les actions de notre volonté, elle est variable, facilement périssable, car elle puise les sucs de sa force vitale dans nos sentiments et pensées, obligée continuellement de s'adapter à eux, de se soucier de notre agrément, de notre approbation, comme de l'unique base de son être; le moindre détour dans notre manière de penser peut l'anéantir et la faire dégénérer totalement. Elle est alors d'une nature essentiellement subjective, suspendue continuellement au cordon ombilical de notre volonté intérieure. Or, à mesure que, se formulant dans les mots et passant dans une quantité plus grande de cerveaux, elle se socialise, elle acquiert un caractère de plus en plus objectif, se délivre de plus en plus de ces liens psychiques au milieu desquels elle reste dans les consciences individuelles, passe d'une continuelle variabilité à une forme constante; le cordon ombilical de la volonté individuelle, qui jusqu'à présent lui transmettait l'unique souffle de l'existence, se rompt, et l'idée commence la vie indépendante de phénomène social, purifiée des variabilités de ses existences privées, consolidée, affermie, cristallisée dans un certain mot d'ordre de lutte sociale, dans une loi, usage, parti politique ou institution. Moins elle est socialisée, et moins elle exerce de pression objective sur les individus, et plus elle se soucie de leurs égards, de l'adaptation à leur vie intérieure, au contenu de leur âme; c'est dans cette phase que se trouvent aujourd'hui les idées esthétiques, qui, de tous les phénomènes psychiques socialisés, manifestent d'une manière peut-être la plus faible leur caractère objectif, coercitif, de choses qui s'imposent malgré la volonté, d'accord avec le degré de leur socialisation, car, ni dans l'opinion publique, ni dans les codes de lois ou dans les courants collectifs, elles ne trouvent pour elles de place bien précise. Dans la même phase se trouvait le christianisme primitif des apôtres, aussi bien que chaque idée révolutionnaire à ses débuts, jusqu'à ce qu'elle s'organise dans une Eglise ou parti et embrasse de grandes foules; le phénomène psychique simple et le phénomène socialisé ne sont pas encore discernés l'un de l'autre d'une manière assez précise; l'individualité des adeptes a encore une grande importance pour la vie de l'idée. Par contre, au plus haut degré de la socialisation, le caractère coercitif de l'idée est tellement puissant, qu'elle peut avec une force élémentaire, opprimer les individus qui n'en admettent pas l'existence dans leur *for intérieur*, qu'elle peut s'opposer à la liberté individuelle de l'homme, comme si c'était une autre nature *morale*, qui l'entourerait de tous côtés d'une pression fatale de coercivité; c'est ce qui a lieu, par exemple, pour certaines idées morales, celles-là particulièrement, qui se rapportent à la propriété, à la famille, aux rapports sexuels, et qui sont parvenues à se socialiser sous beaucoup de formes, dans la religion, les codes juridiques, mœurs et les doctrines scientifiques. Ici, il est bien facile de voir, que la nature sociale d'un certain concept, c'est son caractère objectif, s'imposant extérieurement, son existence indépendante de l'approbation subjective de sa raison d'être, de l'adaptation à nos sentiments, besoins et pensées. Sans ce stigmate objectif, tout état mental, le plus lié à la vie sociale, ne possèdera que le caractère d'un phénomène psychique ordinaire, d'un état de notre conscience, auquel nous pourrons tout au plus accorder une origine sociale, mais rien de plus.

Un attribut spécifique des phénomènes sociaux, qui sans les séparer des phénomènes physiques et psychiques en une troisième catégorie, les distingue néanmoins d'eux, c'est donc comme une synthèse de ces deux caractères : les phénomènes physiques se *spiritualisent* en devenant sociaux, les psychiques *s'objectivent;* les uns et les autres deviennent *choses psychiques.* — Dans cette combinaison il n'y a rien d'artificiel; elle ne surgit pas comme résultat d'un travail de la pensée, mais s'impose spontanément à notre intuition. Si dans la vie quotidienne, nous pouvons parfaitement, sans l'aide d'une analyse scientifique, distinguer une « marchandise » d'un objet physique ordinaire, l'argent du métal, mon concept — de la loi, ou mon sentiment — d'un devoir religieux, c'est que, dans le premier cas, les choses brutes nous tiennent le langage des *besoins* humains, dans le second cas, les états de conscience perçus dans notre intérieur exercent sur nous une pression extérieure, s'opposent comme indépendants de nous, *avant que nous puissions nous rendre compte de ces différences.* Car, ce double caractère des phénomènes sociaux se présente à l'esprit humain par la voie tout aussi purement intuitive, même lorsque nous ne nous en rendons point compte, que nous ressentons par l'intuition, sans l'aide d'aucun raisonnement, le caractère spatial des phénomènes physiques. C'est le seul indice, qui nous est donné par la nature même des faits sociaux, indépendamment de notre manière de juger et des théories scientifiques dont nous sommes partisans, d'après lequel nous les reconnaissons toujours comme sociaux.

IV

En raison de ce caractère *psychico-objectif* des phénomènes sociaux, il s'est formé l'hypothèse d'une *conscience supra-individuelle collective,* d'une conscience qui ferait comme embrasser la nôtre, étant, par rapport à la nôtre, ce que la nôtre est aux « sensations inconscientes » hypothétiques. Pour l'exprimer dans les termes de Lazarus, on pourrait dire que l'individu humain est un peuple ; aussi bien que le peuple, il est une collectivité composée ; « une idée est à l'âme individuelle ce que l'âme individuelle est à l'âme sociale ». D'une manière plus précise, cependant, le concept de « l'âme sociale » pourrait être comparé aux « sensations élémentaires inconscientes » qui sont admises dans la psychologie contemporaine, à ces « infinitésimales psychiques », dont se composent, comme les corps des atomes, tous les états de notre âme. Car, ces sensations, quoique tout à fait inaccessibles à notre conscience, entièrement homogènes et simples dans son essence, correspondant aux simples chocs nerveux, aux « infinitésimales physiques », sont néanmoins des *sensations*, pour soi-même, elles apparaissent à elles-mêmes comme un phénomène psychique, elles puisent la raison de leur existence dans leur propre conscience, élémentaire, distincte de la nôtre. La synthèse de ces consciences élémentaires, c'est *notre* conscience ; d'elles, comme les corps des éléments chimiques, se composent nos idées, représentations et sentiments, et ce que nous apercevons en nous, comme des états psychiques simples et homogènes, ce sont, en réalité, des agglomérations d'une quantité infinie d'éléments hétérogènes, d'atomes sensitifs imperceptibles pour nous. Donc, l'unité de notre conscience est une unité apparente, unité de caractère synthétique, comme l'unité de l'organisme, et, sous elle, des milliers de petits êtres cachent leur existence, bouillonnent d'une vie psychique indépendante, tout comme dans l'ensemble vivant de l'organisme, se cache une grande quantité de cellules micro-organismes qui, quoiqu'elles entrent dans les processus biologiques de l'ensemble, possèdent néanmoins leur vie propre et distincte, leur force de génération et d'assimilation. Dans le même rapport se trouve notre conscience individuelle, à la conscience *sociale.* Chacun de nous sent et pense séparément des autres, à sa propre manière ; autant qu'il y a d'individus humains, autant de sphères fermées de la conscience, impénétrables mutuellement les unes aux autres ; mais, ne pouvant réagir les uns sur les autres directement, elles se synthétisent dans une conscience plus élevée, sociale, pareillement aux monades de Leibniz, qui coopèrent entre elles par l'intermédiaire de Dieu, ou bien aux sensations élémentaires qui le font par l'intermédiaire de notre conscience. C'est donc cette conscience collective, plus élevée, provenant de la synthèse des nôtres, et distincte de celles-ci, quoique les contenant en soi, comme le produit des éléments chimiques devient un corps différent de ces composantes, ayant des propriétés nouvelles, c'est cette conscience qui serait le terrain propre des phénomènes sociaux, la source d'où ils puisent la possibilité de leur existence, puisque le phénomène social, quoique d'une nature psychique, s'oppose néanmoins à nos états individuels, est indépendant de nous, possède une résistance objective envers notre conscience. D'où provient que notre vie individuelle intérieure n'est jamais entièrement adéquate à la vie sociale; l'individu juge et sent d'une autre manière que la société. La politique ne correspond pas à la morale des individus; les individus d'une certaine nation manifestent d'autres propriétés morales que toute la nation agissant collectivement; les lois et les mœurs dominantes ne sont pas toujours d'accord avec les idées individuelles, même de la majorité des hommes; les besoins et les capacités sociales, contenues dans les marchandises et les outils, présentent souvent une discordance complète avec les capacités productives et le *standart of life* des individus.

Cependant, ces deux hypothèses, celle des « sensations élémentaires » se synthétisant en notre conscience, et celle de la « conscience sociale » étant une synthèse des nôtres, qui présentent une analogie si profonde entre elles, sont l'une et l'autre, dès leur naissance, entachées d'un mortel péché philosophique : celui qui consiste à rechercher quelque chose, qui, étant tout à fait étranger et inaccessible à notre conscience, puisse néanmoins servir à expliquer les faits de notre expérience, par conséquent, à expliquer quelque chose qui ne possède de valeur positive de l'existence que comme objet de notre pensée. Toutes les deux semblent oublier cette vérité, que la conscience humaine, par laquelle tout, avec quoi nous avons affaire, manifeste son être, ne peut plus elle-même être traduite en rien; que, ne pouvant pas connaître des existences libérées de notre pensée, c'est en vain que nous chercherions des explications hors de la pensée humaine, s'efforçant de ramener les phénomènes à l'ultra-phénoménalité. Toutes les deux s'éloignent de l'unique réalité expérimentale, comprise dans la sphère de *notre* conscience, et vont se perdre dans la métaphysique des « consciences » infinitésimales ou supra-humaines, où tout le contenu des concepts, se trouvant relégué hors de l'intuition, et par conséquent ne pouvant correspondre à notre intuition, doit s'anéantir complètement, ne laissant qu'un vide abstrait des mots.

Ainsi l'hypothèse des « infinitésimales psychiques », des sensations inconscientes, dépouille cette conscience *élémentaire* de tous les attributs de la conscience. La sensation qui nous est inaccessible, est une sensation *en soi-même*, elle apparaît à elle-même, constitue quelque chose de psychique par rapport à soi-même. Etant toutefois en même temps l'élément infinitésimal de tous les états mentaux, un atome psychique, simple et homogène, comme la monade de Leibniz, elle exclut toute complexité et hétérogénéité, ce qui fait qu'elle ne peut pas se transformer, qu'elle est *invariable*; elle ne peut pas se sentir comme *sujet*, car elle est incapable d'opposer à l'hétérogénéité une unité qui la relierait (ce qui sent, se confond ici tout à fait avec la sensation même); elle ne peut pas s'apercevoir comme *objet*, car l'absence d'hétérogénéité rend impossible l'existence de toute pensée, qui ne peut apparaître que comme une synthèse des éléments hétérogènes. Donc, cette conscience élémentaire, le « sujet-sensation » inabordable pour nous, est d'une espèce bien étrange; c'est une conscience qui, n'étant pas soumise aux changements, ne constituant ni un sujet ni un objet, ne peut rien savoir ni ressentir; qui, ne pouvant pas se concevoir elle-même, n'est rien de réel pour elle-même. En conséquence, dans le concept de la « conscience élémentaire », apparaît un vide complet pour notre intuition; nul contenu provenant de notre expérience, ne peut trouver de place là d'où a été bannie la pensée humaine, cet unique instrument de notre connaissance. C'est pourquoi aussi cette conception, introduite en psychologie, n'explique rien, n'écarte aucune des difficultés existantes; on pourrait aussi bien admettre pour composants de nos représentations — des simples chocs nerveux, des vibrations de la matière, les infinitésimales physiques, dépourvues de toute garniture spirituelle; car elles sont tout aussi étrangères à la nature de notre conscience, tout aussi éloignées de ce que nous apercevons en nous comme *psychique*, que les phénomènes matériels, et toute la parenté de ces « éléments » avec l'âme humaine se réduit tout simplement à la seule dénomination « conscience ». En plus, ce concept, entrant dans l'analyse des phénomènes avec son vide énigmatique, projette sur la totalité de notre vie psychique une ombre de mysticisme extravagant, qui ne peut être justifié par aucune nécessité. L'unité de notre conscience, fait le plus immédiatement connu par nous, intuitivement certain, il la transforme en unité d'une nature apparente, synthétique; quand je sens quelque chose, alors dans ce fait, en apparence simple, se recèlent les sensations hétérogènes et entièrement différentes de la mienne, de milliers de petits êtres, en lesquels se décompose en réalité tout état de ma conscience. Dans les profondeurs de ma pensée se dissimule, imperceptible pour moi, la vie d'une grande agglomération de ces êtres élémentaires, et ce que je crois apercevoir comme étant ma représentation, mon propre état psychique, n'est pas ce que j'aperçois réellement, ce qui constitue le vrai contenu du moment donné de l'âme, pas encore transformé synthétiquement pour notre usage; tout comme les couleurs ou les sons ne sont en réalité que des vibrations de l'éther ou de l'air avec certaines propriétés quantitatives, comme les combinaisons organiques de qualités hétérogènes ne sont que des systèmes quantitativement différents de quelques atomes, comme les acides et les sels, en apparence homogènes, constituent néanmoins une complexité d'éléments de nature différente. En sorte que, le monde des faits psychiques, le monde de notre expérience intérieure, devient un monde d'illusions, non seulement par rapport à l'inconnaissable « chose en soi », mais aussi, par rapport à cette réalité phénoménale élémentaire qui, se dissimulant tout à fait à notre pensée et sensation, dans des êtres infiniments petits, couverte d'un mystère impénétrable d'une conscience spécifique, propre à eux seuls, constitue néanmoins le contenu essentiel de notre vie spirituelle. Notre expérience intérieure ne concerne donc point les phénomènes vrais, mais leur apparence synthétique; le phénomène, loin d'être un objet, un générateur de notre pensée, une existence conçue dans notre conscience, est un être mystique, inaccessible à notre observation immédiate, étranger à notre intuition; en sorte que finalement s'efface toute limite entre la réalité expérimentale et la métaphysique de teinte mystique.

Les mêmes erreurs de critique philosophique se retrouvent dans l'hypothèse de la « conscience sociale »; là, on a cherché la compréhension des faits vitaux dans les consciences infinitésimales, ici par contre, dans la conscience supra-humaine. La conception même de la « conscience sociale » est de naissance illégitime. Nous la formons à l'aide d'une analogie empruntée à notre conscience individuelle, se basant sur ce fait que les phénomènes sociaux, quoique d'une nature psychique, et pouvant s'exprimer seulement dans les termes psychologiques, s'opposent néanmoins aux états de notre âme; on ne peut, par conséquent, les considérer comme produits individuels, ni comme une simple somme d'individualités, mais comme les phénomènes d'une conscience spécifique, surhumaine, étant une synthèse des consciences individuelles, et par cela même qualitativement différente d'elles. L'analogie rencontre ici un obstacle spécial. Ce que nous appelons *conscience*, ne possède dans notre intuition aucun contenu compréhensible, puisque ce n'est que le côté purement négatif de tous les phénomènes, l'élément continu et constant qui s'oppose à l'infinie variabilité des objets. C'est un terme qui, muet sur le contenu de l'objet aperçu, parle de cela seul qu'il *est aperçu*, donc, de son côté négatif; qui atteste cette chose seule, que le phénomène donné est un phénomène, un objet de la pensée pour le sujet, que nous connaissons immédiatement comme étant notre « moi ». Observant notre conscience, nous n'apercevons que les *phénomènes* intérieurs, les sentiments, les idées, les impressions, et c'est cela seul qui constitue le contenu de notre intuition; par contre, nous ne pouvons jamais y apercevoir le côté subjectif de ces phénomènes, pour lequel ils existent comme phénomènes, ce sujet pensant qui, sous peine d'anéantissement de la *pensée*, ne peut jamais être saisi par elle. En d'autres termes, pour employer les expressions de Kant, si la conscience même (et non pas les phénomènes qu'elle conditionne universellement) pouvait constituer l'objet de la pensée, cet objet serait le sujet déterminant, et non pas le sujet déterminable, nous aurions la connaissance de la chose en soi, du *noumène*. La conception de la « conscience » ne peut donc signifier que la *négation* de tout ce qui existe pour nous comme phénomène, comme objet de la pensée; et comme le phénomène embrasse le monde entier des existences qui nous sont accessibles, par conséquent, le concept de la « conscience » est un concept-limite, extrême (*Grenzbegriff*), où la pensée humaine s'épuise complètement et ne peut rien en dégager de plus, et dès lors, dans aucun cas, il ne peut servir à la construction d'une nouvelle conception. Dans l'intuition de ce concept, nous ne retrouvons que le sentiment de notre propre « moi », s'opposant à tout ce que nous percevons, ne pouvant être traduit en rien, ce qui fait que ce concept, placé en dehors de nous, perd tout terrain d'appui réel. Mais, même en supposant qu'il conserve encore alors un certain sens déduit de l'analogie, il nous amène cependant des difficultés impossibles à résoudre. Nous pouvons envisager cette conscience surhumaine, sociale, de deux manières seulement : ou bien comme existant tout à fait indépendamment de la nôtre, et alors elle dégénère en conception d'un « dieu », ou comme *synthèse* des consciences individuelles, comme c'est admis par beaucoup de sociologues contemporains. Mais, lorsque nous disons : *synthèse*, il n'est pas permis d'oublier que l'essence de toute chose composée doit se retrouver dans ses éléments; car les composantes ne peuvent pas différer essentiellement de leur produit, et « le caractère de tout composé est déterminé par le caractère de ses parties composantes » (Spencer), en sorte que l'unité de certains phénomènes doit avoir *implicitement* les mêmes attributs qui se manifestent *explicitement* dans leur combinaison, et cela en raison de cette loi logique, que les choses *absolument différentes* ne peuvent provenir les unes des autres. Une synthèse n'est que le côté formel de quelque chose d'essentiel, est le développement d'une certaine *possibilité* impliquée dans les composantes, et ne peut créer rien d'absolument nouveau. Ainsi, par exemple, les forces attractives latentes dans les molécules se manifestent dans un corps chimique, comme sa dureté ou ses formes cristallines; la vie latente dans les granulations du protoplasme, se développe dans les fonctions de l'organisme; et, dans les atomes du charbon, de l'oxygène, de l'azote et de l'hydrogène, qui apparaissent dans de certaines conditions comme éléments constitutifs du protoplasme, doit être impliquée — comme une des propriétés essentielle de leur être — la *possibilité* de cette synthèse spécifique qui porte la vie dans son sein ; il nous serait également difficile d'imaginer que ces éléments mêmes, dans leur essence, soient tout à fait étrangers au caractère *vital* de la synthèse, que de supposer qu'une *juxtaposition* seule de n'importe quels éléments, une combinaison, par exemple, des atomes du fer et du chlore, pourrait manifester une vie. Donc, d'après cette règle générale, la conscience sociale, considérée comme une synthèse des consciences individuelles, quoique d'une nature distincte et plus élevée que ses composantes, devrait cependant appartenir essentiellement à leur être, devrait être impliquée dans la conscience individuelle, dans notre « moi » propre, pour pouvoir se développer, se manifester, dans les faits sociaux (1).

(1) Nous trouvons chez M. Tarde une pensée analogue : « Rien de plus banal, dit-il, que cette idée qu'une combinaison diffère ou peut différer entièrement de ses éléments, et que du simple rapprochement de ceux-ci peut jaillir une réalité entièrement nouvelle, nullement préexistante sous d'autres formes. La chimie et la biologie ont accrédité ce préjugé. . Ici, en sociologie, nous avons, par un privilège singulier, la connaissance intime de l'élément,

Mais que veut dire : « être impliqué dans notre *moi* », si l'on considère que ce « moi » ne peut pas constituer un objet de la pensée, une conception? Cela signifierait : être dans notre intuition immédiate du « moi » propre, dans ce sentiment le plus intime que nous avons, et qui ne nous dit rien, hormis ceci uniquement — que c'est moi —, et disant si peu, le dit néanmoins d'une manière si claire et précise, que nous ne sentons jamais le besoin de demander « ce que signifie le *moi* », ni de douter « si c'est réellement *moi* »; sentant donc *nous-mêmes*, nous sentirions en même temps la conscience sociale, une sorte du second « moi », plus élevé et dominant le mien comme un tout domine la partie, nous ressentirions dans notre « moi » quelque chose, qui étant essentiellement relié avec lui, conserverait cependant sa manifeste distinction de *quelque chose d'autre*, d'autant plus manifeste, qu'elle ne serait pas perçue dans le phénomène, mais ressentie dans l'être percevant lui-même, dans le sujet. Pour nous exprimer dans les termes de Kant, cela pourrait se formuler logiquement : non pas « je pense comme sujet », mais « je pense comme prédicat du sujet », ce qui serait contraire à la nature du *sujet*, qui, étant inconnaissable, étant la négation de toute chose, étant la « chose en soi » s'opposant à toute phénoménalité, ne peut contenir ni des parties, ni des composantes hétérogènes, ni aucun rapport.

La faute cardinale que commet l'hypothèse de la « conscience

---

qui est notre conscience individuelle, aussi bien que du composé, qui est l'assemblée des consciences... Je dis que c'est un privilège singulier, car partout ailleurs nous ignorons complètement ce qu'il y a au *for intérieur* de l'élément. Qu'y a-t-il au fin fond de la molécule chimique, de la cellule vivante? Nous ne le savons pas. Comment donc, l'ignorant, pouvons-nous affirmer que, lorsque ces êtres mystérieux se rencontrent d'une certaine façon, elle-même inconnue, et font apparaître à nos yeux des phénomènes nouveaux, un organisme, un cerveau, une conscience, il y a eu, à chaque degré franchi de cette mystique échelle, brusque apparition, création *ex nihilo* de ce qui naguère n'était pas, même en germe? N'est-il pas probable que, si nous connaissions dans leur intimité ces cellules, ces molécules, ces atomes, ces *inconnues* du grand problème, si souvent prises pour des *données*, nous trouverions toute simple la mise en dehors des phénomènes créés en apparence par leur mise en rapport, et qui, à présent, nous émerveillent? » (*Sociologie élémentaire*, *Annales de l'Institut International de Sociologie*, 1895, pp. 221-3).

sociale, » utilisant notre conscience pour la construction d'un nouveau concept, l'oblige donc à transformer la *conscience*, cette langue universelle qui ne peut être exprimée par rien, parce qu'elle seule exprime tout, à la transformer en quelque chose de tout à fait différent, en un certain objet de la pensée, en une chose connaissable, accessible à l'analyse, pourvue du caractère de phénomène. La nouvelle conception produite de cette manière, est d'avance condamnée à une complète incapacité d'élucider les faits. — Comment, en effet, réconcilier cette conscience, distincte de la nôtre, d'une nature synthétique, dans laquelle naissent et par laquelle existent les phénomènes sociaux, avec le principal attribut de ces phénomènes : *leur manifestation intellectuelle*, leur existence pour nous? Comment les phénomènes sociaux étrangers à notre conscience, comme ayant leur siége dans une conscience plus élevée, synthétique, sont-ils néanmoins accessibles à notre intuition et connaissance, et entrent-ils d'une manière si intime dans notre vie, se soumettant à notre action et réagissant sur nous, alors que, selon la critique philosophique, tou ce qui demeure hors de notre conscience, dans la région métaphysique, ne peut avoir aucune valeur positive d'existence? — Voilà la question insoluble, analogue à celles qui tourmentaient les scholastiques et les théologiens, discutant les « substances » de la matière, de l'âme et de Dieu, et à laquelle cependant l'hypothèse de la « conscience sociale » doit nécessairement conduire. — Le monde social, si réellement, comme l'exige l'hypothèse discutée, une autre substance, plus élevée, constituait son substrat, si une conscience surhumaine, provenant de la synthèse des nôtres, et non pas la nôtre, était la raison suffisante de son existence, le monde social, par cela même, devrait demeurer tout à fait inaccessible pour nous, comme transporté dans la sphère métaphysique des êtres délivrés de notre pensée, et ne serait donc pas le même, que nous apercevons dans notre vie comme étant *social*, ne serait pas ce monde social auquel nous heurtant dans notre expérience de tous les jours, nous nous sentons comme chez nous; entre nous et lui s'étendrait le même abîme, qui nous sépare de la « chose en soi », se dissimulant derrière les phénomènes. — Quand nous nous permettons donc de créer un tel monde ultra phénoménal, nous manquons en même temps le but même, pour lequel ce luxe de notre imagination a été accompli, but, qui est l'explication des faits réels d'une certaine catégorie, des faits de notre propre vie, rentrant dans notre expérience. L'hypothèse discutée manque ce but entièrement. Enlevant l'objet de l'étude hors de la sphère accessible pour nous, le transportant dans une conscience plus élevée, elle n'explique pas le caractère social de ces faits de notre conscience, que nous apercevons comme étant sociaux ; à côté des « phénomènes » métaphysiques supposés (pour nous exprimer rigoureusement d'après l'esprit de l'hypothèse présente), restent intacts, retranchés hors de son domaine, les phénomènes sociaux propres, les données de notre expérience. Ayant imaginé de la manière la plus complète un certain monde hypothétique, existant hors de notre pensée, nous ne nous approcherons point cependant pour cela d'un seul pas de la compréhension de ce qui ne s'impose à notre intuition, ne s'implante dans notre vie, qu'en raison de sa manifestation dans la pensée (1).

V

Avant donc que nous essayions d'élucider la nature des phénomènes sociaux et ce caractère objectif et psychique qui les distingue de tous les autres et fait supposer en même temps, qu'il récèle

---

(1) On pourrait considérer « la conscience sociale » comme une nouvelle édition de l'*absolu* de Schelling, qui, coagissant indissolublement avec les « volontés individuelles » produit l'histoire de l'humanité, unit la liberté subjective avec la nécessité objective. Cet absolu, c'est « le principe supérieur à la fois au sujet et à l'objet, qui ne peut être ni l'un ni l'autre et qui cependant constitue leur unité ». C'est « la substance inaccessible dont les intelligences ne sont que des puissances ou des fonctions ». — « L'histoire, dit Schelling, est l'évolution de ce principe, l'absolu, qui s'exprime plus ou moins dans toutes les actions, et par là établit entre elles un enchaînement et une harmonie, leur donne la régularité et la loi, et compose avec elles, sans qu'elles cessent d'être libres, un poème ou un drame magnifique... Tout en se manifestant dans toute l'étendue et à travers toute la durée, l'absolu ne peut, ni dans aucun lieu ni dans aucun temps, s'exprimer et se réaliser entièrement. S'il le faisait, rien n'existerait que lui ; les individus, la liberté cesseraient d'être. Néanmoins il ne se révèle qu'à travers le libre jeu des volontés individuelles ; si ces volontés n'étaient pas libres, il ne pourrait exister ; elles sont donc, en quelque façon, ses collaboratrices. Et ainsi la conséquence de l'action de l'absolu par l'intermédiaire des êtres intelligents, c'est que les actes de ceux-ci, qui constituent l'histoire, ne sont ni exclusivement libres ni exclusivement nécessaires, mais à la fois nécessaires et libres. »

quelque chose d'autre que des phénomènes ordinaires psychiques ou matériels, nous devons avant tout faire cette réserve, que *c'est notre conscience individuelle seule, qui peut être considérée comme raison suffisante de leur existence,* comme l'unique source où les phénomènes sociaux puisent leur être; que ce n'est pas hors de l'homme, dans un abstrait esprit collectif, mais dans l'homme réel et vivant, dans les cerveaux humains concrets, que se déroule toute la vie sociale, et qu'elle ne dépasse pas leurs limites. C'est le principe du *phénoménalisme social :* l'existence des phénomènes sociaux reconnue équivalente de leur manifestation dans notre pensée; l'unique principe qui exclut définitivement tous les « dieux » du domaine de la vie sociale, qu'ils s'appellent : Providence théologique, ou se dissimulent sous le terme scientifique d'un esprit de race ou d'une raison d'État. Malgré cela cependant, tout en reconnaissant dans les phénomènes sociaux une pure réalité expérimentale, conçue dans notre conscience seule, il est impossible, comme nous l'avons démontré plus haut, de les identifier aux phénomènes psychiques, de considérer les faits sociaux comme rien d'autre qu'une répétition multiple de nos idées ou sentiments individuels, et de traiter la vie sociale comme une branche seulement de la psychologie. Car, beaucoup de nos besoins et états mentaux, comme le besoin de l'air, de la lumière, du mouvement, comme les sentiments esthétiques, les états de l'âme précédant la pensée, quoique se répétant chez tout le monde, ne sont pas cependant devenus des phénomènes sociaux. L'histoire d'ailleurs ne pourra jamais être ramenée à une action réciproque des âmes humaines; derrière les individus qu'elle emploie comme une trame vivante pour broder ses images, se font toujours apercevoir comme de certaines forces naturelles, dans lesquelles l'âme humaine est fatalement entrelacée, ne leur servant souvent que d'instrument et d'expression; et tout essai de traiter la vie sociale comme une question de nos convictions et tendances individuelles, se brise toujours à cet obstacle, que ces mêmes convictions et tendances ont nécessairement leur source dans la vie sociale, et qu'elles ne pourraient se produire sans elle. Le seul fait de la coexistence chez les autres de mon état intérieur ne change encore en rien sa propre nature de fait psychique individuel, jusqu'à ce que cette coexistence acquière un caractère objectif, se dégageant du fin fond des âmes individuelles; car autrement, nous retrouverions dans la vie sociale tout ce qui se répand dans les profondeurs de notre âme, tous ces courants anonymes, ces émotions indéfinies et ces ondes cénesthésiques, qui passent continuellement sous le seuil de notre pensée; par contre, la vie sociale elle-même serait une vie essentiellement subjective. C'est pourquoi le phénomène social ne peut être jamais identifié avec la *somme* des phénomènes psychiques; individuel (étant psychique lui-même), il s'oppose néanmoins toujours à notre vie intérieure par sa vie autonome, par sa pression objective, par son indépendance entière de notre volonté intérieure.

Mais ce même caractère objectif du phénomène social, par lequel il s'oppose aussi bien à un état particulier de mon âme, qu'à sa multiple répétition dans le *total* des âmes humaines, est conditionné en même temps nécessairement par cette multiple répétition d'un état subjectif dans la masse des cerveaux individuels. D'un côté donc, le phénomène social, quoiqu'il ne s'identifie pas avec l'état psychique individuel, possède néanmoins toujours son *équivalent* psychologique individuel, en raison duquel, malgré son objectivité, il s'unit intimement à la vie de l'individu; le besoin social par exemple, incorporé dans une certaine marchandise, est en même temps mon besoin propre, réel ou possible, qui peut se comprendre, et qui pourrait exister alors même qu'il n'y aurait personne excepté moi; dans les lois nous retrouvons les idées et les intérêts, qui, si même elles n'ont pas pour nous une valeur vitale, comme les nôtres propres, ont néanmoins dans chaque cas, toujours une valeur psychologique, sont compréhensibles, et d'une manière ou d'une autre s'accrochent aux motifs intérieurs de notre conduite. D'un autre côté, le phénomène social, *n'existant que dans la conscience individuelle de chaque homme*, comme l'exige le principe du phénoménalisme, est cependant conditionné nécessairement par une répétition multiple de son équivalent psycho-individuel dans les autres cerveaux humains, sans quoi il perd son caractère *objectif*, s'identifiant avec un état psychique ordinaire. Le phénomène social est ce qu'il est (c'est-à-dire un certain *objet psychique*) pour ma conscience, grâce à cela seul, qu'il est — psychologiquement — la même chose pour les consciences des autres; que ce même besoin ou idée que j'aperçois en moi-même, comme contenu d'un fait social donné, je puis l'apercevoir aussi chez beaucoup d'autres individus. Car, il est clair, que si un fait quelconque, ressemblant par sa nature aux faits sociaux, un certain objet d'utilité, ou bien une certaine idée, se réfléchissait seulement dans mon âme, m'était utile ou compréhensible à moi seul, et par contre, privé de contenu et inappréciable en tant que besoin ou concept pour tous les autres, qu'un tel fait resterait essentiellement individuel et ne pourrait entrer dans la vie sociale. On pourrait donc dire, que le phénomène social possède comme deux faces : par *l'une* il s'adresse aux masses humaines, comme une abstraction qui résume en elle et fige dans une forme constante la variabilité individuelle des états psychiques, le type de l'espèce, dans lequel se réconcilient et se retrouvent mutuellement les besoins, sentiments et concepts individuels des différents hommes; par *l'autre*, il communique d'une manière intime avec l'âme de l'individu, il atteint les profondeurs individuelles de chaque homme, ne réfléchissant que son propre besoin, sentiment ou concept personnel. C'est par exemple, la valeur d'échange d'une marchandise, s'opposant par sa forme constante et abstraite de *prix*, à l'utilité variable que présente la marchandise comme objet de consommation; c'est la loi formulée dans le code et agissant par l'intermédiaire d'une organisation d'État, ou le mot d'ordre d'une lutte sociale arboré sur l'étendard d'un parti, en opposition à ces intérêts personnels, idées et sentiments, ressentis particulièrement par chaque homme, avec la variété qui lui est propre, et qui cependant ont leur expression commune dans cette forme cristallisée, abstraite et publique, se retrouvent tous dans cette *loi* ou ce *mot d'ordre*. L'une constitue le caractère *objectif* du phénomène social, est comme un foyer, qui, centralisant en lui les ressemblances des âmes humaines, s'oppose à chacune séparément et en même temps à toutes, comme objet indépendant, pourvu d'une vie autonome. L'autre, constitue son caractère *psychologique*, est la liaison qui unit intimement cette abstraction objective à la vie des individus, la fragmentant en des milliers de réflexions subjectives; elle est ce que je retrouve dans la marchandise comme étant mon propre besoin, dans une loi, comme mon propre intérêt, dans l'idée sociale, comme ma propre conception; elle est cette réalité immédiatement ressentie dans les profondeurs de l'âme de chaque homme, sans laquelle le phénomène social ne posséderait aucun contenu et planerait comme une abstraction vide au-dessus de la vie humaine. Les deux côtés du phénomène social se complètent donc réciproquement et indispensablement : sans le premier, il passe totalement dans le domaine de la psychologie individuelle; sans le second, dans la métaphysique ultra-phénoménale. Exclure l'un ou l'autre serait impossible, car cela équivaudrait à vider la nature même du fait, à méconnaître celles de ses propriétés, qui s'imposent universellement à notre expérience.

Cependant, dans la sociologie contemporaine existent deux courants, qui paraissent tendre à diviser entre eux cette duplicité des faces du phénomène social, et à légitimer théoriquement un seul de ces deux caractères qui se complètent mutuellement en elle. Nous parlons des méthodes que représentent MM. Durkheim et Tarde. M. Durkheim, contemplant la face *objective* du phénomène social, son caractère abstrait et collectif, s'imposant d'une manière coercitive aux consciences individuelles comme quelque chose de spontané et d'entièrement indépendant d'elles, s'efforce de bannir toute psychologie du domaine social. M. Tarde, par contre, ne voit que le caractère *psychologique* du phénomène social, le côté de son individualisation dans les cerveaux humains, et considérant « l'objectivité » sociale de Durkheim comme une « illusion ontologique, traite la sociologie comme une sorte de ramification de la psychologie, tenant totalement dans ses chapitres sur l'invention et l'imitation. Le caractère artificiel de la distinction, ce daltonisme étrange qui ne permet à aucun de ces savants de voir qu'une seule face du phénomène social, conduit très logiquement aux résultats tout à fait contradictoires, aux méthodes qui s'excluent réciproquement, mais dont aucune cependant, d'après nous, n'a de chance de prévaloir sur l'autre, car la nature réelle des faits exige leur *complément* mutuel, protestant vigoureusement contre cette défiguration qu'on leur impose, contre cette demi-nature psychologique ou objective qui leur est arbitrainement imputée par les savants sociologues français. D'où provient aussi, que les définitions sociologiques de Durkheim et de Tarde, mises en regard les unes des autres, font l'effet comme d'une antinomie philosophique, entre les termes contradictoires de laquelle l'esprit humain doit osciller continuellement, sans aucune solution, forcé logiquement de les admettre tous les deux. Ces deux théories se combattent mutuellement d'une manière acharnée; et cependant, à travers chacune d'elles se laisse entrevoir une face de la réalité, qui demande instamment à être complétée par l'adversaire; c'est un malentendu entre les deux côtés d'une médaille, dont chacune prétendrait à constituer le tout. Si donc M. Durkheim affirme que le phénomène social se reconnaît d'après ce qu'il existe *indépendamment* de ses expressions individuelles, et qu'il possède un pouvoir de coercition extérieur qu'il exerce sur les individus ; s'il soutient que chaque fait social n'existe que dans un groupe pris *collectivement* et ne peut jamais être identifié avec les formes sous lesquelles il se réfracte dans les cerveaux individuels, il a pleinement raison, il est d'accord avec l'intuition de la vie même, car c'est seulement d'après ces propriétés *objectives* que nous pouvons discerner nos états psychiques individuels des phénomènes sociaux. Mais M. Tarde a de même complètement raison, lorsqu'il oppose à « l'ontologie » objective de Durkheim ces affirmations : que, de même qu'un groupe social se compose seulement d'individus, de même un fait social se compose des faits individuels, qui en constituent les uniques et vrais éléments; que c'est seulement de la variabilité individuelle psychique que peut se dégager une « objectivité » sociale d'un caractère constant. Et de même que le fait d'avoir méconnu le côté psychologique des phénomènes sociaux doit conduire M. Durkheim aux erreurs d'une « ontologie scolastique » (pour répéter l'expression de Tarde), à considérer les faits de la vie collective comme choses métaphysiques, existant d'une manière tout à fait indépendante de toutes les consciences individuelles, on ne sait pourquoi et pour qui, de même le fait d'avoir méconnu le côté objectif des phénomènes sociaux restreint la méthode d'analyse de M. Tarde à la psychologie de l'imitation et de l'invention (qui, rigoureusement, n'est que de la psychologie individuelle, puisqu'il ne peut y en avoir d'autre), lui permet de chercher dans les faits individuels la cause déterminante des faits sociaux, ce qui suffit pour retirer toute base à la sociologie proprement dite. Ainsi par exemple, l'apparition dans l'histoire sociale des chemins de fer, possède d'après Tarde sa source dans les cerveaux de Papin, de Watt, de Stephenson (voir « Sociologie élémentaire » *loc. cit.*). quoique, considérée de ce côté-ci, elle ne puisse être un objet d'étude que pour un psychologue, tandis que la sociologie doit étudier un tel fait au point de vue de l'époque historique de son apparition, rechercher ses causes dans les capacités et besoins *sociaux*, si elle ne veut pas abdiquer complètement au profit de la psychologie propre, si elle tient à apprécier les faits donnés précisément de ce côté-là, qui par sa nature propre échappe nécessairement à la méthode psychologique.

VI

En affirmant ce fait, qui nous est donné instinctivement, à savoir, que chaque phénomène social emprunte tout son contenu à la coexistence des états psychiques individuels, s'opposant en même temps à eux comme abstraction de leurs ressemblances — abstraction d'un caractère objectif, nous devons par cela même reconnaître qu'entre ces états individuels des différents cerveaux humains et le phénomène social, dans lequel ils peuvent se retrouver mutuellement tous, il existe un rapport comme *d'éléments à synthèse.* — Car, il suffirait que ces états individuels coexistants fussent d'une nature incommunicable, inaccessibles réciproquement les uns aux autres, comme par exemple tous les états précédant la pensée, ou bien essentiellement différents, comme ceux des animaux et des hommes, pour que le phénomène social ne pût naître de cette coexistence. Chaque individu retrouve en lui son propre état psychique, et c'est par là seulement que le phénomène social possède un certain contenu et une certaine valeur dans la vie humaine; le total cependant de ces états individuels, ayant leur siège dans les différents cerveaux, ne constitue pas le phénomène social; celui-ci s'oppose à eux tous comme quelque chose d'absolument distinct, ne possédant néanmoins d'autre contenu qu'eux-mêmes seuls. Les consciences individuelles coopèrent entre elles, constituent quelque chose de nouveau, se retrouvant cependant toutes dans ce produit. Un tel rapport c'est le rapport des éléments à leur synthèse. — Nous arrivons donc à des résultats en apparence contradictoires, quoique nous n'ayons considéré que ce qui peut être aperçu dans le phénomène social d'une manière intuitive, sans l'aide d'aucun raisonnement : son caractère psycho-objectif, et sa bifacialité — faces concrètes des âmes humaines cachées sous le masque d'une abstraction. — D'un côté, le phénomène social se distingue des états psychiques et se présente comme la *synthèse* des différentes consciences individuelles. De l'autre — d'après le principe du phénoménalisme sociologique — il n'existe que dans notre conscience, et par cela même il exclut de soi toute conscience étrangère à la nôtre, parce que la nôtre, qui lui donne l'existence, n'admet aucun élément différent, est par excellence simple, comme négation de toute phénoménalité et de tous les *rapports*, propres seulement au phénomène lui-même. — Ces deux affirmations se nient tout à fait mutuellement; mais c'est précisément dans cette contradiction, apparaissant d'une manière si voyante, qu'est impliquée en même temps la solution du problème : — qu'est-ce que le phénomène social ? — et que se manifeste avec tout l'éclat de la vérité la définition de son être.

Car, si le phénomène social est la synthèse des consciences individuelles et exclut en même temps de son sein toute « conscience » étrangère à la nôtre, c'est seulement parce que cette « conscience sociale » n'est rien d'autre que notre conscience individuelle, que notre « moi » et le « moi » de chaque homme n'est qu'une seule et même chose dans son essence. Par conséquent, les consciences humaines, n'étant pas envers elles-mêmes des entités distinctes et séparées, ne peuvent ni s'additionner, ni se combiner entre elles. La synthèse des phénomènes individuels, produisant un phénomène nouveau — social, ne peut cependant pas créer une nouvelle *conscience*, parce ce que celle-ci, étant chez tous les individus le même — la négation du phénomène, n'est soumise à aucune synthèse, comme en général, à aucun rapport ni changement. — C'est pourquoi aussi, le phénomène social étant la synthèse des phénomènes individuels psychiques, n'existe cependant que dans la conscience individuelle humaine. Par la même raison aussi, ne cessant pas d'être *social*, c'est-à-dire, une objectivation de la conscience des autres hommes, il est en même temps l'objectivation de la nôtre propre, et pour cela parfaitement accessible et familier pour nous. Il est cet objet dans lequel les consciences des différents individus manifestent leur *identité*, dans lequel le « moi » pensant de chaque homme *se retrouve lui-même*. Et c'est ce qui constitue l'attribut le plus essentiel du phénomène social. Partout ailleurs — dans le monde objectif — nous ressentons quelque chose d'absolument étranger et impénétrable, impossible à connaître, l'obstacle de l'inaccessible « chose en soi »; ici, par contre, cette « chose en soi », voilée dans l'objet, c'est notre « moi » propre, et c'est pourquoi nous pouvons entrer dans des rapports aussi intimes avec le phénomène social, nous sentir comme chez nous dans tout le domaine de la vie collective, tandis que l'être obscur des phénomènes physiques, du monde ambiant de la nature, reste toujours énigmatique et absolument étranger pour notre intuition, quelle que soit la précision à laquelle nous pouvons parvenir dans la connaissance de ce monde. Ce que nous retrouvons au fond de chaque phénomène social, c'est donc l'*être pensant* de l'homme, cette unique réalité d'un caractère métaphysique, qui n'étant pas phénomène, est néanmoins la plus accessible et la plus proche à notre sentiment.

La révélation de ce noyau essentiel des phénomènes sociaux, de cette vraie substance du monde humain, sera pour nous plus évidente, si nous remarquons, que c'est *l'aperception seule qui socialise les phénomènes*. — Les sociologues sont proches de cette conception, lorsqu'ils disent, que « la société est un système organisé *fina-*

lement, un *tout* et non la somme de ses composants ». Dans une forme primitive, nous retrouvons déjà chez Kant la manière *téléologique* de considérer l'histoire (dans son traité : Idee zu einer allgemeinen Geschichte). — Le développement le plus complet du principe de la *finalité*, comme étant la clef de toutes les sciences sociales, fut accompli de nos jours par Ihering. Néanmoins, son exposé du principe est basé sur des fausses conceptions psychologiques. Pour Ihering, le cercle de la finalité est aussi large que celui de l'activité psychologique. Le principe de finalité, « pas d'action sans but », est aussi général pour le monde psychique, que le principe de causalité, « pas de fait sans cause », pour le monde des phénomènes physiques. Le mouvement d'une éponge qui s'imbibe d'eau est déterminé par une cause; mais le mouvement d'un animal qui boit est suscité par une fin. Depuis les actions les plus simples jusqu'aux plus compliquées, la vie consiste en l'adaptation du monde extérieur aux besoins intérieurs. (Ihering, Zweck im Recht, I, 3-33; Bouglé, Sciences sociales en Allemagne, p. 104). La conception de la finalité comme étant un caractère du phénomène psychique en général, était peut-être la cause qui empêchait Ihering de voir l'essence propre des phénomènes sociaux, leur origine *aperceptive*. — Pour comprendre cela, il nous faut entrer quelque peu dans le domaine de la pure psychologie.

Conformément aux deux pôles : positif et négatif, l'objet aperçu et le sujet apercevant, deux côtés sans la coexistence desquels le phénomène est impossible, nous devons, dans la vie de notre conscience, dans les séries des phénomènes qui se déroulent devant nous, distinguer deux caractères de la conscience qui se complètent mutuellement : les caractères intuitif et aperceptif. Le caractère *intuitif* de la conscience se manifeste lorsque nous l'envisageons dans le rapport à l'acte même de la pensée. Considérée à ce point de vue, elle se présente à nous de son côté purement phénoménal, objectif, comme l'ensemble des *données* de l'expérience intérieure, existant indépendamment de l'effort de notre attention volontaire, et par conséquent, pouvant s'opposer à lui comme une certaine passivité objective, une certaine matière pour l'opération intellectuelle. Par contre, le caractère *aperceptif* de la conscience se manifeste, lorsque nous l'envisageons par rapport à tout ce que nous observons comme *données* dans notre expérience interne, et que nous nous tournons de cette manière vers son côté subjectif, qui ne donne aucune prise à la pensée, n'étant accessible pour notre connaissance que comme *négation* de tous les phénomènes, sans aucune valeur positive d'existence. C'est la négation de tout ce qui peut donner lieu au développement de la pensée, excluant de soi toute passivité et objectivité, ayant par conséquent la signification de l'activité intérieure même de notre « moi » pensant, à laquelle, partout et toujours s'opposent les *données* qui servent aux opérations mentales, l'objectivité quelle qu'elle soit, et qui précisément *par cette opposition* manifeste son être réel et sa valeur logique. — L'intuition constitue donc tout le côté *positif* de notre vie psychique; l'aperception, son côté *négatif*. L'intuition nous unit à cet « inconscient » qui nous entoure, comme un « mare tenebrarum » amorphe et anonyme; elle n'est qu'un reflet chaotique de ces impressions extérieures et sensations organiques, qui affluent continuellement au cerveau par milliers d'ondes, se fusionnant toutes dans une seule nébuleuse émotionnelle. L'aperception, par contre, c'est l'action de notre attention volontaire, de volonté consciente, c'est ce qui aperçoit et s'oppose en même temps à cet afflux d'intuition. Envers notre intuition elle joue le rôle d'un *appareil ordonnateur*, en transformant cet afflux du sentiment indéterminé, embrouillé et anonyme, qui s'éveille en nous par le contact avec l'être de l'inconscient, en représentations, conceptions et pensées, en phénomènes déterminés et désignés; elle accomplit le rôle d'une force créatrice, qui donne les formes à une matière brute, qui, du chaos d'une nébuleuse sensitive, construit tout un monde de choses et de rapports. Chacune de nos pensées commence donc et se produit par un acte d'aperception. Chaque concept ou notion est marqué par l'action de l'attention volontaire, exercée sur un état d'intuition conçu de l'inconscient. « Pas de concept sans un acte d'attention volontaire » — peut être considéré comme une loi psychologique. En un mot, tout ce que apercevons d'une manière précise, avec quoi notre pensée opère, à quoi nous pouvons donner une désignation, indiquer une certaine place dans l'ordre du monde, la position d'une chose, d'une propriété ou d'un rapport dans notre connaissance, tout ceci a déjà été soumis à l'action de notre volonté intérieure, déterminé par l'aperception, a passé par un acte de la pensée, accompli avec un certain effort de l'attention. Par contre, les états vierges d'intuition, ceux qui n'ont pas été touchés par l'aperception, ceux qui viennent de sortir du sein de l'inconscient, frisent seulement le seuil de la pensée, comme une masse informe du sentiment, qui est appelée seulement à donner naissance au monde de nos représentations, monde conçu dans la pensée et existant par la pensée, masse du sentiment, qui, ressentie par nous d'une manière si vive dans les profondeurs cénesthésiques, dans les émotions anonymes, dans les rêveries ne pouvant être déterminées, ne peut néanmoins jamais, dans sa pureté virginale, être accessible à notre analyse intellectuelle, car, aussitôt que nous fixons notre attention sur elle, aussitôt que nous la saisissons dans les pièges de l'aperception active, du même coup elle est déjà soumise à une certaine détermination, à une synthèse de la pensée, elle devient un concept ou notion réservée dans un mot, un élément des propositions, l'esclave du raisonnement. Donc, l'âme humaine se compose comme de deux courants simultanés et s'enchevêtrant continuellement; l'un, purement intuitif, puisant son contenu de l'inconscient, se développe par un mouvement spontané des associations dans une infinie chaîne de changements sensitifs d'un caractère aveugle, constituant le profond, l'obscur fond de la vie psychique; l'autre, aperceptif, c'est l'action de notre volonté intérieure, de notre sujet pensant, s'exerçant consciemment et en vue d'une fin sur ces états sentimentaux de la pure intuition, et la transformant en un monde tel qu'il est l'objet de notre connaissance, le monde des choses, des propriétés et des rapports. L'un procède de l'inconsciente « chose en soi », de l'être mystique du milieu ambiant, qui, par des milliers d'excitations, agit sur notre système nerveux; c'est un courant caché, jamais exprimé, d'une nature émotionnelle et parfaitement intime de la vie psychique. L'autre provient de notre sujet pensant, est la révélation de notre volonté, et présente le côté raisonnant de l'âme, la conscience de soi-même explicite et formellement exprimée dans les jugements et leurs combinaisons à l'aide de la langue articulée. C'est ainsi que se présente le côté psychologique du problème.

Revenons maintenant au rôle social de l'aperception. Socialiser un phénomème psychique, cela veut dire l'objectiver; socialiser un phénomène physique, c'est le spiritualiser. Or, aucun état psychique ne peut être objectivé sans devenir une notion, sans avoir acquis une certaine dénomination symbolique, ce qui n'advient que lorsqu'il est soumis à l'action aperceptive, à la détermination par notre volonté consciente. Et de même, ceux des phénomènes physiques seuls se spiritualisent, passant dans le domaine de la vie sociale, sur lesquels l'être pensant de l'homme a apposé son sceau du travail final. Les états anonymes du sentiment, précédant la pensée, la nébuleuse intuitive, dont notre pensée retire les différents aspects des représentations, restent la propriété exclusive de mon individualité; par contre, déterminés aperceptivement en notions, ils se socialisent sous forme du *langage*. La cénesthésie n'est jamais que la propriété inviolable de l'individu; tandis que chaque *notion* ou *concept*, cristallisé dans un mot, est la propriété de tous, et peut toujours devenir un phénomène social, retrouver une place dans les lois, les préjugés, les idées publiques. Un besoin que l'on satisfait sans effort conscient de la volonté, comme par exemple la respiration, appartient exclusivement à la sphère close, individuelle. Tout besoin par contre, dont la satisfaction exige un effort conscient, de la pensée, du travail final, se socialise. La nutrition devient production; la reproduction prend les formes sociales des mœurs sexuelles, du mariage. Les matériaux qui nous sont fournis par la nature ne sont que des corps physiques, aussi longtemps qu'ils constituent seulement l'objet de notre sensation ou de notre contemplation; mais devenus l'objet de notre travail final, ils acquièrent le caractère de marchandises. Un processus chimique est un phénomène purement naturel, mais ce même processus utilisé dans la production industrielle, travaillé par la pensée humaine, devient un phénomène social. Donc, la condition indispensable de la socialisation du phénomène, c'est qu'il soit pénétré de notre aperception, de l'action du sujet pensant; que l'aperception, en observant le phénomène, se retrouve elle-même en lui. — Par conséquent, l'être pensant de l'homme doit se retrouver au fond du phénomène social, étant un agent *génétiquement* indispensable de son application. *La socialisation du phénomène est équivalente à une sorte d'incarnation dans l'objet de la pensée, du sujet pensant lui-même.* Dans les états précédant la pensée, la douleur, la cénesthésie, de même que dans le monde de la nature ambiante, dans l'action des forces élémentaires aveugles, on ne retrouve pas *soi-même*, on y voit quelque chose d'absolument étranger, quelque chose qui ne nous est accessible que d'une manière superficielle, mais dans son essence reste toujours énigmatique, non seulement pour notre connaissance, mais aussi pour notre faculté de ressentir; d'où provient, que ces états intuitifs qui nous affluent de l'inconscient, ne se socialisent jamais, constituent la sphère close de l'*individualité* même. Par contre, dans les concepts et notions, dans la pensée, dans les produits du travail, c'est-à-dire, partout où agit l'aperception, on retrouve son « moi » pensant, on a à faire avec soi-même, et cela constitue en même temps la sphère sociale de notre expérience, avec laquelle nous pouvons entrer dans les rapports les plus intimes, sentant que, sous le voile des apparences phénoménales se dissimule non pas le mystérieux être de l' « inconscient », mais l'homme lui-même. Chaque mouvement de notre aperception, chaque acte de volonté consciente, crée donc une certaine particule du monde social, révélant l'essentielle *identité* des êtres humains, dissimulée seulement sous les apparences de la différenciation phénoménale. L'individualisation, propre seulement aux phénomènes, comme basée sur le rapport de la causalité, sur les variations dans le temps et dans l'espace, ne peut plus concerner le *sujet pensant*, qui, en tant que négation des phénomènes, reste toujours le même, la substance du monde humain, identique pour les individus; pareillement à l'eau, qui, enfermée dans des vases ramifiés et des formes différentes, mais communiquant entre eux, quoiqu'elle prenne les diverses formes de ces vases et soit séparée par leurs parois, reste néanmoins une masse uniforme et se comporte comme telle dans tous ses mouvements, dans les niveaux de son équilibre; si cependant elle était douée d'une conscience, alors, en raison seulement de la différence de ses vases, elle se différencierait en individus distincts, elle se sentirait être, dans chaque vase, une individualité différente, et apercevant à travers les parois du vase ses ramifications, l'eau dans les autres vases, elle aurait l'illusion d'apercevoir quelque chose absolument distinct; par contre, en regardant dans son intérieur, en observant, comme chaque mouvement de sa masse se répercute sur les niveaux de tous les autres vases, elle reconnaîtrait son identité. Donc, l'action sociale de l'aperception provient de ce qu'elle, c'est-à-dire le sujet pensant de l'homme, est elle-même la substance du monde social, et chaque fois qu'elle se manifeste à elle-même, crée en même temps le noyau du phénomène social. De même cependant que dans la vie intérieure, notre « moi » pensant ne peut être saisi que sous l'aspect d'un phénomène, comme objet de la pensée, de même ici — dans le domaine social — l'*identité pensante* des hommes s'objective dans des formes phénoménales, soumises aux lois de l'espace, du temps et de la causalité; nous ne sommes pas ici en contact avec l'être pensant pur, métaphysique, mais avec sa manifestation spécifique, avec les phénomènes du caractère psycho-objectif.

La nature sociale de l'aperception, qui fait que tout ce qui passe par l'appareil intellectuel, se socialise en même temps, devient la forme phénoménale universelle pour la communication des sujets pensants, pour la manifestation de leur identité essentielle, cette nature sociale de l'aperception est la raison, pour laquelle nous pouvons considèrer tout l'intellect humain comme étant de *nature sociale*, et l'individu humain isolé des influences sociales, essentiellement *individuel*, comme une abstraction, à laquelle ne correspond aucune réalité, conformément aux opinions de Lazarus et d'autres sociologues contemporains, que « l'âme de l'individu est l'œuvre de la société ». Elle apparaît en effet telle, lorsque nous ne considérons que son côté formel, intellectuel, cristallisé dans les concepts, renfermé dans la langue. Là, dans tout le domaine de l'aperception, tout est social, parce que tout ce qui est déterminé aperceptivement, est le point d'une objectivation sociale possible, le point par lequel le milieu humain agit sur l'individu, transmettant sur lui les acquisitions culturelles des générations. Ce sont, dans le sens strict du terme, les points *nodaux* pour les mondes des consciences individuelles, où ces mondes, si hermétiquement fermés en apparence les uns pour les autres, se fusionnent en un monde objectif, monde des phénomènes sociaux, grâce à l'essentielle identité des sujets pensants. Chaque notion ou concept, chaque produit du travail, laisse la porte toute grande ouverte pour la coopération entre l'individu et son milieu humain. Dès les premiers jours de la vie nous sommes entourés par une atmosphère épaisse de pensée humaine, accumulée symboliquement dans la langue et les objets du travail, atmosphère qui forme et développe tout le côté raisonnant de notre âme, et profite de chaque mouvement de notre être pensant, pour lui imposer son contenu et ses formes. Ces points nodaux — les conceptions et les pensées se produisant aperceptivement — ce ne sont cependant pas nos âmes *individuelles*. C'est, pour nous servir d'une expression courante des sociologues, — « l'âme sociale » de notre conscience. L'*individualité* se cache derrière eux, dans les profondeurs humaines, s'oppose à eux comme *données* originelles de l'aperception, conçues dans l'inconscient, comme intuition vierge, anonyme, que la parole ne peut atteindre, — masse informe du sentiment, qui est continuellement blottie sur le seuil de notre pensée, et que l'action aperceptive, l'appareil de la pensée, transforme seulement en quelque chose de manifeste et d'explicite, en monde organisé de nos conceptions. L'individualité, c'est l'âme *pré-pensive*, la nébuleuse intacte par la pensée d'intuition sensitive, qui s'enroule, pour ainsi dire, autour du sujet pensant, par l'effet de son contact avec l' « inconscient » de la nature, et qui, portant dans son sein le *principium individuationis* — du temps, de l'espace et de la causalité, lui donne l'illusion d'une nature distincte, close en elle-même et s'opposant à d'autres sujets. Sans ce voile intuitif, que nous ressentons comme notre cénesthésie, comme base de nature individuelle sur laquelle notre pensée opère continuellement, produisant les représentations et les concepts, — sans ce voile, tissé spécialement pour la vie par l'inconscient, — avec la seule action de l'aperception (si c'était possible), les individus s'évanouiraient, le « moi » et la société ne seraient plus en opposition.

Donc, tous les états prépensifs, les courants cénesthésiques, les sensations propres, chaotiques, qui ne sont pas encore organisées en notions et saisies dans les symboles de la langue, les moments anonymes de l'âme sur lesquels agit l'aperception, les transformant en représentations, développant de ces moments des jugements analytiques, en un mot, tout le côté de l'intuition vierge, intacte encore par la pensée, est la partie *individuelle* de l'âme, l'individu propre. Par contre, tous les produits de la pensée, les conceptions et les jugements, le côté aperceptif de l'âme, exprimé dans la langue et raisonnant, est *social*. La manière de ressentir est différente pour chacun et ne supporte aucune règle; c'est la propriété intime et inviolable de l'individu. La logique, par contre, le domaine du sujet pensant, est commune et la même pour tout le monde, et pour cette raison obligatoire. Si donc nous cherchons la conscience sociale dans les parties communes des consciences individuelles, comme le fait Lazarus, dans ce qu'il y a d'universel pour les esprits particuliers, de constant pour les esprits passagers, alors nous verrons, que ce commun, universel et constant, c'est seulement notre aperception déterminant la phénoménalité qui nous est intuitivement donnée. Dans chaque concept, comme dans chaque action et chaque produit du travail, il se trouve une partie individuelle, inaccessible pour les autres, purement intuitive, ce que nous *ressentons* dans un concept donné, et la partie sociale, pour tous la même, le côté formel, de nature aperceptive, ce que nous *définissons* et *exprimons*. La manière dont je ressens une certaine impression n'est accessible à personne; tandis que sa définition conceptuelle est commune pour tout le monde. Ce qui est exclusivement individuel, c'est mon rapport *sensitif* à un certain produit du travail, le degré de mon désir, le goût, le genre d'utilité; tandis que le but du produit, et le travail qui l'a pour symbole, est *social*. De cette manière se résout le rapport de l'individu à la société, se ramenant au côté intuitif (prépensif) et aperceptif de notre conscience. Par conséquent, tout ce qui agit immédiatement sur notre intuition, comme les propriétés physiologiques de la race, le milieu ambiant de la nature, appartient exclusivement à la sphère individuelle, forme l'individu propre, influence l'excitabilité du système nerveux, le fin fond, purement sensitif, de l'âme humaine. L'histoire, par contre, ne peut être influencée par ces agents, qu'après leur passage par la pensée consciente de l'homme, après qu'ils ont revêtu l'aspect du travail, des conceptions, des mœurs formulés, par conséquent, lorsqu'ils ont perdu leur caractère originaire, élémentairement naturel, vierge de sujet pensant, de consciente volonté humaine (1). Ainsi donc, s'écroule la base de toutes les théories, qui, à l'aide des propriétés physiologiques de la race ou de la nature du milieu géographique tentent, en vain d'ailleurs, d'expliquer l'histoire des sociétés. Imitant le naïf naturalisme de Herder, ces théories « du sang de la race » et du « darwinisme social » qui cherchent dans le cours des fleuves, dans la conformation des montagnes et des plaines, dans l'anthropologie de la race, l'explication de l'histoire sociale, et dans la posture droite et la différenciation des membres, le point de départ pour la vie sociale, malgré toute la richesse des observations accumulées, en retirent cependant des abstractions tellement stériles et tellement incapables de fournir une explication de l'histoire, qu'à chaque tentative elles sont menacées par l'irruption de l'idée d'une « prédestination » des peuples et d'une providence historique. Sachant donc distinguer la

(1) Analogue est aussi, mais atteinte par d'autres voies, la conclusion de Lazarus et Ihering. Lazarus considère, que l'action des choses sur la psychologie des peuples n'est pas immédiate et directe. La nature ne forme pas les peuples par une sorte d'opération mystique; les peuples se forment eux-mêmes, en profitant consciemment ou inconsciemment, avec plus ou moins d'adresse ou de bonheur, des données de la nature. Les choses extérieures agissent donc sur l'histoire, mais en passant par l'esprit. Ainssi l'anthropologie ne saurait remplacer la psychologie des peuples. Ihering pense de même, que le milieu naturel, la conformation géographique du sol, quoique elle possède, selon lui, une grande influence sur l'histoire, n'agit cependant jamais sur elle d'une manière mécanique et immédiate. Pour qu'ils puissent évoquer une réaction de notre côté, il est nécessaire pour cela qu'ils passent à travers notre esprit, qu'ils se transforment en motifs. La causalité ne peut agir sur notre volonté qu'en prenant la forme de la finalité. (D'après Bouglé, *Sciences soc. en Allemagne*, p. 54, 105).

sphère individuelle de la sphère sociale, nous devons en même temps assigner au milieu naturel une place convenable dans l'histoire des peuples, en affirmant que, s'il influence la vie sociale, c'est seulement en tant que le travail final de l'homme s'y adapte, en tant qu'il devient le contenu des idées et provoque des désirs conscients; mais il ne s'unit pas aucun lien mystique et immédiat à l'histoire.

Ce caractère social de l'aperception, qui nous révèle l'essentielle *identité* des sujets pensants des hommes, nous explique en même temps, pourquoi dans la vie sociale, l'individu semble se perdre entièrement, descend au rôle tout à fait subordonné, d'après l'expression de Simmel, « d'un point d'intersection des différents cercles sociaux », à la valeur futile des chaînons variables dans la série des associations et des processus historiques. Car, ce qui constitue le lien, la base de ces cercles associatifs, classes, nations, sociétés, la communauté des éléments qui les composent, est cela même qui constitue notre « moi » pensant : l'aperception, sans laquelle l'objection et la fusion des états psychiques individuels, dans un intérêt, un but, une idée collective, c'est-à-dire, dans ce qui constitue « l'âme » d'une association donnée, ne pourrait s'accomplir. L'homme par conséquent, manifestant dans un groupe social son essentielle *identité* avec les autres individus humains, se délivre, pour ainsi dire, dans cette objectivation sociale, des liens de son apparente limitation individuelle, sans pour cela cesser d'être soi-même, sans perdre son « moi » propre; car le groupe social qui a absorbé en soi l'individu, ne constitue nullement quelque chose de distinct et de supérieur à l'être d'un homme particulier, mais doit son existence précisément et uniquement à ce fait, que cet être pensant, ce « moi » de chaque homme, par la voie d'aperception, sur le terrain des intérêts, des pensées et des désirs communs, s'est retrouvé lui-même dans d'autres cerveaux humains. Dans toute la vie sociale se manifeste parfaitement cette *unité des sujets*, unité de l'être pensant, qui n'est différenciée et fractionnée en individus qu'en apparence, dans les phénomènes; elle se manifeste aussi bien dans la vie simultanée des hommes, unis dans les collectivités différentes, où l'individu descend presque au degré d'un point mathématique, que dans la vie des générations successives, dans le cours des phases historiques. Tandis que les individus périssent et changent, ne pouvant ni communiquer, ni transmettre à personne leur illusoire « individualité » comprise dans les sensations, le « moi » pensant des individus, objectivé dans les phénomènes sociaux, dans les inventions techniques, dans les lois, dans les idées collectives, s'avance toujours dans son développement, comme l'être immortel de l'humanité, de sorte que l'évolution de la culture sociale ne se renouvelle pas avec chaque génération, n'interrompt pas sa trame séculaire, mais reste unique et continue. L'intelligence objectivée des génies morts, des générations passées, vit et continue de se développer, quoiqu'elle ne puisse puiser la vie dans les choses mêmes où elle s'est cristallisée par l'action de leur volonté créatrice, et ne se retrouve que dans la conscience des hommes nouveaux. « Une déduction commence dans la tête d'un individu pour s'achever dans celle d'un autre. Nous posons les prémisses dont nos fils tirent des conclusions » (Bouglé). La pensée, le raisonnement, dépassent l'individu; les besoins et les idées développées dans une génération, deviennent l'action, la révolution, dans la suivante. L'histoire ne connaît pas de sauts, comme la nature ne connaît pas de vide ni de création *ex nihilo* ; ici, ce qui l'empêche c'est l'unité de la matière et de l'énergie, qui se manifeste seulement dans une infinie variabilité des formes; là, c'est l'unité de l'être pensant, dissimulée sous une multitude différenciée de cerveaux.

L'omission de cette vérité, que c'est l'*aperception* seule qui socialise les phénomènes, et que cette nature *sociale* de l'aperception est en même temps la révélation de l'identité des sujets pensants humains, a égaré les sociologues de toutes les écoles et nuances, sur les fausses voies d'une métaphysique sociale, les a contraints à créer la conception mystique d'une « conscience sociale » étant la synthèse des nôtres et différente d'elles par sa nature, à faire entrer dans la scène de l'histoire des « esprits » des nations et des classes, comme base essentielle servant à l'explication de la vie sociale, et de là, les a amenés aux théories ayant des conséquences pratiques, comme par exemple celle des Lazarus, que l'esprit de la nation est différencié en esprits des classes, qui forment en même temps une synthèse harmonique, et qui, entrant dans un antagonisme trop grand entre eux, provoquent la décadence de l'ensemble. De cette manière, la philosophie sociale s'engage dans un cercle vicieux, car, en admettant comme base et comme source des phénomènes sociaux, les consciences « synthétiques » des collectivités, les esprits des classes et des nations, elle se pose en même temps des questions insolubles, à savoir : comment ces collectivités pourraient se produire sans les phénomènes sociaux, et de quelle manière les âmes des individus, étant le produit social, se synthétisent néanmoins en ce qui constituerait la source primitive et la base de la vie sociale; toute collectivité, en effet, exige des agents sociaux déjà existants, pour qu'elle puisse se produire, à moins que nous n'admettions l'intervention créatrice d'une providence; par conséquent, elle ne peut expliquer l'existence des phénomènes sociaux; et les éléments de cette collectivité — les âmes individuelles — ne peuvent pas être en même temps ses produits. Ces difficultés disparaissent, si nous admettons comme thèse, que le principe conditionnant les phénomènes sociaux, c'est notre propre « moi » pensant, l'unique pour tous, que par conséquent, nulle conscience plus élevée ne se produit de la synthèse des nôtres, puisque la synthèse est ici tout à fait égale aux éléments. L'agent social existe dans la conscience individuelle, est cette conscience même. Par contre, les nations et les classes, loin de constituer un être métaphysique, conditionnant la vie sociale, en qualité de son *prius* κατ'ἐξοχήν, ne sont au contraire que l'effet de cette vie sociale, le produit de la phénoménalité, et soumises, comme elle, aux changements et à la destruction. Les classes et les organisations sociales peuvent être ou ne pas être, suivant la phase dans laquelle entre l'histoire. Le phénomène social précède l'avènement de ces groupements humains, il ne peut donc pas être conditionné par eux. Toute collectivité, tout lien social — un intérêt, une idée, — exige l'admission d'un substrat social déjà existant, ainsi que la recherche de sa source phénoménale, de sa cause déterminante; l'aperception seule, le sujet pensant s'opposant à toute phénoménalité, ne permet pas de rechercher sa cause et seule se suffit à elle-même comme *substance sociale*.

Cette propriété essentielle des phénomènes sociaux, qu'ils objectivent en eux l'*être pensant* de l'homme, est en même temps la raison, pour laquelle la catégorie *éthique*, exprimée dans la forme d'un « doit être » leur peut universellement s'appliquer. On peut même dire que partout où peut être appliquée la catégorie éthique, nous avons à faire avec les phénomènes sociaux ou pouvant se socialiser. Cela résulte, comme nous l'avons vu, de ce que c'est seulement dans l'être pensant de l'homme que se résout la contradiction du déterminisme et de la liberté (voir nos premiers paragraphes). La catégorie éthique s'applique à la vie psychique dans les cas seuls où agit l'aperception; pour les rêves, les associations, les instincts, nous ne connaissons pas de normes obligatoires; par contre, elles existent pour les concepts, les jugements et le raisonnement; elles ne trouvent pas d'application pour les actions impulsives, mais seulement pour les actions finales. De même, les processus physiques, par eux-mêmes absolument étrangers à la catégorie éthique, lui sont soumis, lorsqu'ils sont liés avec la pensée humaine, adaptés à un travail conscient. En un mot, tout ce qui est imbibé de l'aperception, de l'action de la volonté consciente de l'homme, présente un terrain ouvert pour les normes éthiques, pour la liberté de l'idéal. L'aperception *moralise* les phénomènes. On pourrait donc dire, que la catégorie éthique est le réactif le plus sensible, d'après lequel on reconnaît la *socialité* des phénomènes, et partout où elle apparaît commence l'objectivation de l'être pensant, le monde social. L'application à ce monde de la double méthode créatrice et scientifique, s'impose donc d'elle-même; car, partout où l'homme se retrouve lui-même, là, à côté de la causalité, apparaît toujours la finalité, le devoir, l'idéal, le domaine de la *contingence* propre au sujet. Arrivés à ces résultats par la voie d'une pure déduction, nous voyons cependant en même temps, que cette intime union de la catégorie éthique avec le phénomène social, est notre connaissance *intuitive;* nous la possédons indépendamment de toute théorie, et elle est à un tel point enracinée dans notre intuition, qu'alors même, que nous serions les adeptes d'un pur fatalisme mécanique dans la vie sociale, nous ne pourrions cependant pas nous délivrer de cette nécessité mentale d'appliquer à cette vie la catégorie morale, faisant subir à chaque région de ces phénomènes, le *critérium* de ce qui « doit être ». Ainsi, l'analyse que nous avons accomplie, s'accordant avec l'intuition universelle, met d'autant plus en évidence la vérité du principe du phénomène social, *comme étant l'objectivation de l'être pensant de l'homme.*

www.ingramcontent.com/pod-product-compliance
Lightning Source LLC
Chambersburg PA
CBHW072019290326
41934CB00009BA/2130
* 9 7 8 2 0 1 3 5 3 7 7 9 7 *